AF252248

COUTUME DE PARIS,

MISE EN UN NOUVEL ORDRE,

AVEC DES NOTTES ET CONFERENCES
pour en faciliter l'intelligence.

OUVRAGE TRES-UTILE

pour mettre les autres Coûtumes avec
ordre, & apprendre en peu de tems les
matieres qui y sont décidées.

Par M. ALEXANDRE MASSON
Avocat au Parlement.

A PARIS,

Chez NICOLAS GOSSELIN, dans
la Grande-Salle du Palais, à l'Envie,

M. D. CCIII.

AVEC PRIVILEGE DU ROI.

AVIS AU LECTEUR.

LE Livre que je donne au Public contient le Texte de la Coûtume de Paris, que j'ay mis dans un autre ordre que celui où il a été jusques à present.

Comme la disposition & l'arrangement des choses contribüent le plus à les rendre parfaites & excellentes, on peut dire qu'aprés tant de Commentaires qui ont été donnez sur cette Coûtume, la seule chose à desirer pour sa perfection étoit d'en mettre le Texte dans un ordre, où on pût voir d'un coup d'œil les differentes matieres qui y sont renfermées.

Les grands Magistrats qui ont presidé à la reformation des Coûtumes, ayant eu seulement en veüe de faire des loix, ils n'ont pas crû devoir s'attacher à les faire mettre dans un ordre absolument méthodique.

On trouve plusieurs décisions importantes sous des Titres qui en donne-

ã

tres-peu d'éclaircissement. Les Arti-
ticles qui ont souvent le plus de rela-
tion les uns aux autres, sont placez avec
confusion. Les matieres sont mises sans
aucun ordre. Ce qui rend la plûpart
des Coûtumes obscures, confuses, &
difficiles.

Pour ôter cette confusion, j'ay di-
visé les seize Titres de la Coûtume de
Paris en 130. Chapitres ou Sections ;
j'ay réüni & rassemblé avec ordre les
differentes matieres qui sont répandües
en divers endroits ; j'ay suivi néanmoins l'ordre des Titres

Quelque difficile qu'il soit de contenter le goût d'un chacun, je suis per-
suadé que quand on voudra se défaire
de la prévention & de l'esprit de criti-
que, on trouvera dans la méthode que
j'ay observée, une entiere facilité pour
l'intelligence de cette Coûtume; on con-
cevra en peu de jours, ce que difficile-
ment on pouvoit auparavant apprendre
en plusieurs années.

Tous les Commentateurs ont fort
bien remarqué le peu de suite qu'il y a
dans le Texte de la Coûtume, & tous

ont negligé d'y donner plus d'arrangement, ils se sont contentez de donner
leurs Commentaires, & de renvoyer aux
Articles qui ont du rapport les uns aux
autres.

Les deux derniers Commentateurs se
sont à la verité écartez de la route ordinaire, ils ont donné à leurs Commentaires un plan, où on trouve toute
la netteté & l'ordre necessaire pour
l'intelligence de cette Coûtume.

On croit neanmoins pouvoir dire
qu'il manque une chose à leur ouvrage,
c'est d'avoir negligé de donner le Texte
de la Coûtume dans le même ordre
qu'ils ont donné leurs Commentaires.

Le Texte découvre la veritable
source de nôtre Droit : si peu qu'on
adjoûte, qu'on diminuë, ou qu'on en
change les termes, on s'écarte des veritables principes.

C'est dans la lecture du Texte qu'on
puise les maximes pures, & les plus
certaines ; lorsque le Texte est obscur
ou confus, ou que la Coûtume n'a pas
disposé, alors il faut emprunter du se-

cours des Commentaires afin de s'éclaircir des choses qui n'ont pas été prévûës
ou qui meritent quelque explication,
mais lorsque le Texte est net & précis,
il faut s'en tenir au Texte même.

C'est ce qui m'a engagé de mettre le
Texte de la Coûtume avec ordre.

On trouvera plusieurs avantages dans
ce dessein.

Le premier, la simple lecture du Texte donne de justes idées des principales
matieres qui composent nostre Droit.

2. Un jour suffit pour lire le Texte,
& des années entieres ne suffisent pas
pour lire les Commentaires, il faut
encore plusieurs autres années pour les
bien comprendre.

3. Le Texte étant mis avec ordre, les
plus simples, & les moins versez dans
la Coûtume peuvent sçavoir en peu de
rems toutes ses décisions.

4. L'arrangement du Texte sert pour
lire avec fruit les Commentaires, &
donne une idée de l'esprit & du génie
des derniers Commentateurs, & de l'ordre qu'ils ont observé dans leurs ouvrages.

Enfin ce deſſein eſt utile pour mettre les autres Coûtumes avec ordre, & connoître les differentes matieres qui y ſont renfermées.

Comme la Coûtume décide du droit des particuliers, regle les ſucceſſions, les doüaires, ce qui concerne la communauté & les autres matieresplus importantes qui ſont le lien de la ſocieté civile, tout le monde a interêt de ſçavoir ce qu'elle contient; ainſi cet ouvrage eſt neceſſaire pour en apprendre aiſément les déciſions.

J'y ai ajoûté quelques remarques que j'ai crû neceſſaires pour en faciliter l'intelligence & en éclaircir quelques articles, je les ai puiſées des differens ſentimens des Commentateurs.

Comme les avis ne ſont pas toûjours uniformes, qu'il y a des raiſons & des autoritez pour & contre, c'eſt au Lecteur à juger ſi celles dont j'ai fait choix ſont les meilleures.

J'ai encore ajoûté un Chapitre particulier concernant la diſtinction des rentes ſeigneurialles & feodalles, & la diſtinction des autres rentes.

Il y a plusieurs autres Chapitres concernans le Franc-aleu, la division des Fiefs, l'infeodation, la création des Fiefs, & Arriere-fiefs, la conversion des rotures en Fiefs, & des Fiefs en rotures, & plusieurs autres matieres importantes.

Si ce petit travail est reçû favorablement, & que je puisse être secondé dans mon dessein, j'espere mettre une partie des autres Coûtumes dans un même ordre : on verra la conciliation & le rapport qu'elles ont les unes avec les autres, on y remarquera la difference des Coûtumes locales & particulieres, & on apprendra aisément les matieres qui y sont decidées.

Comme j'ai mis la Coûtume d'Orleans en son ordre naturel, & que cette Coûtume a beaucoup de rapport avec celle de Paris, j'ay concilié les décisions de ces deux Coûtumes les unes avec les autres, j'ai remarqué les matieres qui y sont traitées, & qui ne sont point dans la Coûtume de Paris.

A l'égard des autres Coûtumes

AVIS AU LECTEUR.

M^{rs}. Fortin, Ricard, de Ferriere en ayant fait une Conference avec la Coûtume de Paris, j'y renvoye le Lecteur.

J'ai ajoûté deux Tables. La premiere des Titres, Chapitres & Sections contenant les differentes matieres qui font traitées dans la Coûtume. La seconde contient les Articles de la Coûtume : le premier chiffre marque l'Article ; le second chiffre l'ordre suivant lequel ils font rangez. Ainsi il fera facile de trouver les matieres & les Articles dont on a besoin.

Il s'est glissé quelques fautes dans l'impression, il y a même quelques mots impropres ; je prie le Lecteur de ne pas s'attacher à des minuties. On me fera un sensible plaisir de me donner avis des choses où j'ai pû m'être trompé. Je travaille pour apprendre ; heureux si j'instruis les autres.

TABLE

DES TITRES, CHAPITRES, ET SECTIONS.

TITRE PREMIER.

Des Fiefs.

Table des Chapitres.

Table des Chapitres.

TITRE II.

Des Censives & Droits Censuels.

OU il est traité du cens, & ce qui concerne le cens de l'amande dûë faute de payement du cens, & de la saisie que le Seigneur peut faire sur les meubles & fruits des maisons & heritages sujets à son cens, & de la saisine.　70

TITRE III.

TITRE IV.

TITRE V.

Table des Chapitres.

TITRE. VI.

Des Prescriptions.

TITRE VII.

Du Retrait Lignager.

Table des Chapitres.

TITRE VIII.

Des Arrêts, Executions & Gageries.

TITRE XI.

Du Doüaire.

TITRE XII.

De la Garde-Noble, & Bourgeoise.

TITRE XIII.

Des Donations & Don mutuel.

Table des Chapitres.

TITRE XVI.

Des Criées.

Fin de la Table.

COU-

COUTUME
DE PARIS
MISE
EN SON ORDRE NATUREL.

TITRE PREMIER.
DES FIEFS.

CHAPITRE PREMIER.

*De la nature & qualité des Fiefs, &
des Rotures.*

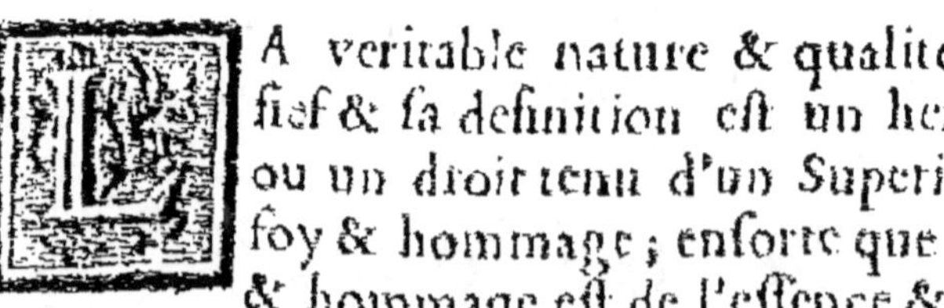

LA veritable nature & qualité d'un
fief & sa definition est un heritage
ou un droit tenu d'un Superieur à
foy & hommage ; ensorte que la foy
& hommage est de l'essence & de la
substance du Fief.

Lorsque l'heritage ou autre droit ne sont te-

nus à foy & hommage, ce sont rotures char-
gées de cens ou autres redevances envers les
Seigneurs, à moins que ce ne soit un franc-
aleu.

CHAPITRE II.

Du Franc-aleu.

L A Coûtume d'Orleans art. 255. porte:
*Franc-aleu est heritage tellement franc, qu'il
ne doit fonds de terre, & n'est tenu d'aucun Seigneur foncier: & ne doit saisines, dessaisines, ni
autre servitude, quelle que ce soit. Mais quant
à la justice il est sujet à la jurisdiction du Seigneur
justicier, & se doit partir comme heritage censuel:
sinon qu'il y ait fief, justice, ou censive, mouvans de luy: auquel cas il se partira comme le
fief.*

Franc-aleu de deux sortes, l'un Noble,
l'autre Roturier.

Franc-aleu Noble, est quand il y a Justice
haute, moyenne ou basse, fief ou censive.

Franc-aleu Roturier est, lorsqu'il n'y a fief,
censive ni justice.

Pour connoître si une terre ou autre droit est
franc-aleu distinguer trois sortes de Coûtumes.

Dans les Coûtumes qui admettent le franc-
aleu sans titre, c'est à celui qui prétend une
redevance sur un heritage à justifier qu'il a
droit de demander la redevance.

Dans les Coûtumes qui portent, que celui qui prétend un franc-aleu doit le justifier, faut rapporter le titre comme c'est un franc-aleu.

A l'égard des Coûtumes esquelles il n'est fait mention qui doit rapporter le titre, la commune opinion est, qu'il faut rapporter titre pour prétendre un heritage ou autre droit être franc-aleu.

N'est pas necessaire de rapporter le titre primitif de la concession du franc-aleu, suffit rapporter des Contrats d'acquisitions & partages anciens de 60. ans & plus. Il faut excepter les Coûtumes qui requierent un titre pour établir un franc-aleu. En ce cas faut rapporter le titre primitif suivant le sentiment de M. du Plessis sur le franc-aleu.

Il est parlé du franc-aleu dans les articles 68. 132. & 302. de la Coûtume de Paris. Les Commentateurs sur ces articles ont nettement expliqué ce que c'est que franc-aleu, & ses differentes especes. *Vide* leurs remarques.

CHAPITRE III.

De la division des Fiefs.

LEs fiefs reçoivent plusieurs divisions. Fiefs corporels, fiefs incorporels, fiefs dominans, fiefs servans, arriere-fiefs.

Fief corporel est un fond de terre, une maison, un heritage tenus à foy & hommage.

A ij

Fief incorporel est un droit réel, comme cens ou rente tenus à foy & hommage. Ces fiefs sont encore appellez fiefs sans Domaine, ou fiefs en l'air.

Fief dominant est un fief qui a un autre fief relevant de luy.

Fief servant est un fief qui releve d'un autre fief ; le fief n'est appellé dominant lorsqu'il n'a d'autre fief relevant de luy.

Arriere-fief, est un fief qui releve d'un fief, lequel releve d'un autre ; la plus grande partie des fiefs relevans les uns des autres, à l'exception des fiefs de dignité qui relevent médiatement de luy.

On distingue encore fiefs simples, fiefs de dignité.

Fiefs de dignité sont, Duchez, Comtez, Marquisats, Baronnies, relevans médiatement du Roy. Ceux qui les possedent tenus d'en faire leur hommage & rendre leur aveu en la Chambre des Comptes.

Fiefs simples, sont fiefs ausquels il n'y a aucune dignité annexée.

Fiefs de dignité n'annobliffent à moins que le Roy ne les ait donnés pour récompense de service, ou qu'on justifie de sa Noblesse.

Fifs de dignité ne se partagent ; mais les aînez qui les possedent doivent récompense à leurs puisnez : Les autres fiefs se partagent.

Autrefois il n'y avoit que les Nobles qui pouvoient posseder fiefs; mais depuis plusieurs siécles les Rois ont accordé la faculté à toutes personnes de posseder fiefs, hommes, femmes, roturiers, Ecclefiaftiques, gens de main-morte, & generalement; excepté qu'à l'égard des gens de main-morte, doivent obtenir Let-tres d'amortiffement du Roy, & payer le droit d'indemnité aux Seigneurs, autrement peu-vent être contraints d'en vuider leur mains dans l'an; à l'égard des Roturiers poffedans fiefs, doivent payer une finance au Roy de temps en temps, appellée le droit de franc-fiefs

Vide Baquet, droit des francs-fiefs.

CHAPITRE IV.

De la création des fiefs & arriere-fiefs, & de la converfion des rotures en fiefs, & des fiefs en roture, & de l'infeoda-tion.

SEigneur de fief peut de fon fief en faire un autre fief, ou en faire une roture fans le confentement de fon Seigneur, pourveu en la Coûtume de Paris, que l'alienation n'excede les deux tiers du fief, fuivant l'article 51. & que le Seigneur du fief retienne la foy en-tiere & quelque droit feigneurial & domanial fur ce qu'il aliene.

En la Coûtume d'Orleans art. 7. le vaffal peut aliener le total du fief fans le confen-tement de fon Seigneur, à la charge d'un droit de cens, rente, fermé ou pension ou autre droit, en se reservant la foy, ce qu'on appelle un fief sans domaine ou fief en l'air.

Lorsque le Seigneur de fief aliene partie ou le total de son fief sans le consentement de son Seigneur, s'il y a ouverture au fief le Seigneur suzerain peut exploiter tout le fief, tant pour ce qui est retenu qu'aliené, art. 52. de la Coûtume de Paris, & art. 8. de la Coûtume d'Orleans. C'est pourquoy il est avantageux à l'acquereur d'un fief de faire inféoder son acquisition, & que le Seigneur suzerain consente ou approuve l'alienation pour empêcher l'effet de la saisie feodale.

L'inféodation se fait de plusieurs manieres lorsque le Seigneur suzerain approuve l'alienation dans les aveus & dénombremens qui luy sont rendus, ou par quelque acte particulier, ou qu'il reçoit l'acquereur à luy porter la foy des choses alienées, *vide*, articles 28. & 52. de la Coûtume de Paris.

L'inféodation a lieu aussi-bien pour les choses données à cens & rente que pour ce qui est donné en fief, Baquet droit des franc-fiefs, Chapitre 2.

Lorsque c'est un démembrement de fief, le Seigneur suzerain n'est tenu inféoder l'alienation si bon ne luy semble, Brodeau art. 52. n. 6.

La Coûtume d'Amiens tit. des fiefs, art. 27. porte que le vassal peut bailler partie de son fief en arriere-fief pour l'augmentation de son fief & seigneurie sans fraude.

La commune opinion des Docteurs est que le vassal peut sous-infeoder dans les Coûtumes qui n'ont point une disposition contraire.

On ne peut sous-infeoder les terres tenuës en appanage, ni les donner à cens, c'est un domaine inalienable.

Fiefs de dignité ne peuvent pareillement être sous-infeodez, ni être donnez à cens sans le consentement du Roy.

Pour d'un fief en faire un autre fief, Seigneur du fief n'a qu'à en vendre ou en donner une partie ou le total, suivant la disposition de la Coûtume, en se reservant la foy & quelque droit seigneurial sur ce qu'il aliene, à la charge par l'acquereur de luy en porter la foy ; & pour le surplus recevoir de l'argent ou en créer une rente si le Seigneur suzerain reconnoît & approuve l'alienation, c'est un arriere-fief à son égard, s'il ne l'a reconnu ni approuvé, la partie alienée demeure toûjours plein fief à son égard nonobstant l'alienation.

Pour d'un fief en faire une roture, Seigneur de fief n'a qu'à être reçu à payer un cens au lieu de porter la foy, ou Seigneur de fief n'a qu'à donner ou vendre partie ou le total de son fief suivant qu'il est permis par la Coûtume, à la charge d'un cens ou autre droit, & du surplus en recevoir de l'argent ou en créer une rente. La chose alienée demeure roture en la personne de l'acquereur ; le tout ne peut cependant préjudicier au Seigneur suzerain s'il n'y consent ni au droit d'aînesse.

Pour d'une roture en faire un fief, Seigneur de

fief n'a qu'à décharger son sujet censier du cens
& recevoir son sujet à luy porter la foy pour
les heritages qui sont dans sa censive ; ces heritages deviennent feodaux & se partagent noblement en la personne du proprietaire, & c'est
un arriere-fief à l'égard du Seigneur suzerain.
Vide Baquet, droit des francs-fiefs, chap. 7.

Les rentes foncieres étans considerées comme heritages, les mêmes maximes ont lieu à
leur égard.

CHAPITRE V.

Des rentes Seigneuriales & Feodales, rentes foncieres & constituées, & leurs distinctions.

LEs unes sont seigneuriales & feodales.
Les autres sont simplement feodales, &
ne sont seigneuriales.

Les autres sont simples rentes foncieres.
Les autres sont rentes constituées.

Rentes Seigneuriales & feodales.

Rentes seigneuriales & feodales sont rentes
créées par un Seigneur de fief qui aliene son fief
ou partie, à la charge d'une rente fonciere non
rachetable, soit en argent, grains ou autres especes. Cette rente est dite seigneuriale, parce
qu'il est deu profits de fief ou lots & ventes,

suivant la qualité de l'aliénation. Cette rente
est aussi appellée feodale, parce qu'elle tient
lieu du fief. Cette rente se partage noblement
en la personne du creancier, de même que l'heritage pris à foy & hommage se partage noblement en la succession du preneur à rente. Il
est indifferent que cette rente soit qualifiée fonciere seigneuriale, feodale de Champart,
emphiteose ou autrement, pourveu qu'elle soit
la premiere rente, & qu'il n'y ait aucun cens
ou autre premiere rente imposée lors de l'a-
lienation.

S'il y avoit un cens imposé ou autre premiere
rente emportant lots & ventes, en ce cas cette
rente ne seroit plus seigneuriale, mais seulement feodale.

Rentes simplement feodales.

Rentes simplement feodales sont rentes imposées lors de l'alienation d'un fief, mais qui
ne sont seigneuriales, parce que lors de l'alienation du fief il y a eu un cens ou autre premiere rente imposée emportant lots & ventes,
marque de la directe seigneurie.

Rentes feodales ne sont à proprement parler
que de secondes rentes apposées lors de l'alienation du fief. Ces rentes cependant sont nobles en la personne du creancier, & se partagent comme telles entre ses heritiers, art. 347.
de la Coûtume d'Orleans, parce que c'est le
cas de la disposition de la Loy où *Subrogatum
sapit naturam subrogati.* Dans les Coûtumes
qui n'ont une pareille disposition que la Coû-

tume d'Orleans. Quelques Docteurs tiennent
que la rente ne se partage noblement si elle
n'est inseodée. Cependant plus sur de tenir que
ces rentes se partagent noblement en la succession du creancier, quoy qu'elles ne soient inseodées, suivant le sentiment de Brodeau,
art. 53. de la Coûtume de Paris, n. 220.

Les rentes créées sur un fief pour soulte de
partage, Echange, Transaction & autres de
cette nature sont pareillement feodales, mais
pour être nobles en la personne du creancier &
se partager noblement en sa succession, il faut
que ces rentes soient inseodées; c'est le cas où
il faut une inseodation, & c'est l'inseodation
qui les rend nobles; & si elles ne sont inseodées elles sont roturieres & se partagent comme rotures en la succession du creancier.

Touchant l'inseodation, *vide*, les observations faites, chap. 4.

Quoy qu'on ait obmis pendant plusieurs
années de faire inseoder ces rentes; cependant
si elles ont toûjours esté partagées noblement,
on est reçû à les faire inseoder, à moins qu'il
n'y ait plusieurs partages, par lesquels il paroît
que ces rentes eussent esté partagées roturierement, auquel cas ces rentes seroient roturieres; mais un seul partage ne suffiroit, & on
seroit toûjours reçû à les faire inseoder.

Simples rentes foncieres.

Simples rentes foncieres sont rentes créées
pour alienation de rotures qui n'emportent lots

& ventes , à moins qu'elles ne tiennent lieu du cens.

Un heritage peut être chargé de plusieurs rentes foncieres ; celuy qui a pris un heritage à rente fonciere en peut donner une partie ou le tout moyennant une autre rente fonciere, ainsi subsequemment.

Mais on ne peut charger un heritage de plusieurs cens, ni de plusieurs rentes seigneuriales, ne pouvant y avoir deux Seigneurs directs d'un même heritage.

Celuy qui tient à foy & hommage des terres peut en donner une partie à cens ; mais celuy qui tient ses terres à cens ne peut pas en donner une partie à la charge d'un autre cens envers luy , parce que cens sur cens ne vaut, art. 122. de la Coûtume d'Orleans ; mais peut donner ses terres à la charge d'une redevance annuelle, apellée rente fonciere ou bail d'heritage.

On ne peut donner des terres à cens qu'on ne soit Seigneur de fief ; & on ne peut imposer un cens que sur les terres qui font partie d'un fief.

Vide. Les remarques sur le titre second.

Rentes foncieres font charges réelles qui suivent toûjours le fond , & il n'y a que ceux qui font detenteurs du fond qui font obligez de les acquiter.

La promesse du païer une rente fonciere ne s'entend que tant qu'on est detenteur du fond, à moins qu'on n'ait promis fournir & faire valoir ou mettre amendement, art. 109. de la Coûtume de Paris, & 412. de la Coûtume d'Orleans ; l'heritage & non la personne étant absolument redevable des rentes foncieres.

Lors qu'un heritage est donné à la charge d'une rente fonciere sans autre charge & sans stipulation qu'elle est non-rachetable ; on distingue où c'est le Seigneur de fief qui aliene son heritage ; en ce cas, la rente n'est pas rachetable, parce que la rente tient lieu du cens, a été créée en imposant le cens, fait partie du cens, où est la premiere aprés le cens, si au contraire c'est un acquereur à titre de cens & rente qui aliene, la rente est presumée rachetable, étant une seconde rente fonciere ; mais la faculté de rachapt se preserit par 30. ans.

On peut créer une rente fonciere sur son heritage stipulée non-rachetable, quoy qu'on n'aliene point l'heritage, mais qu'on reçoive de l'argent. M. de Ferriere sur le tit. 2. des Censives, n. 72. & suivans.

On peut pareillement créer une rente fonciere sur son heritage, pour échange, pour partage, pour don, pour legs & autres de cette nature. On peut créer ces rentes, soit en argent, grains ou autres especes.

Quoy que ces rentes soient stipulées non-rachetables, cependant si elles sont assignées sur maisons à Paris & autres grandes Villes, elles sont toûjours rachetables, à moins qu'elles ne tiennent lieu du cens où ne soient les premiers aprés le cens, article 121. & 122. de la Coûtume de Paris.

Si la rente est assignée sur autres heritages, la rente étant stipulée non-rachetable, elle est non-rachetable, s'il n'en est pas fait mention la rente est rachetable; mais la faculté de rachapt se prescrit par 30. ans, article 120. de la Coûtume.

On peut créer ces rentes rachetables dans un tems : on les peut même constituer à plus haut prix que l'Ordonnance sans usure, étant une convention du Contrat.

Si ces rentes sont créées pour Obits, Aniverssaires ou le Service divin, en faisant le rachapt de ces rentes, on est tenu d'en faire un employ pour la premiere fois seulement, art. 121. de la Coûtume de Paris, & 271. de la Coûtume d'Orleans.

Rentes foncieres & de bail d'heritage on en peut demander 29. années d'arerages.

Rente fonciere est indivisible, & le creancier peut s'adresser à tel detenteur que bon luy semble, *in solidum* pour les arerages de sa rente fonciere.

Heritage sujet à rente fonciere qui se vend par decret, l'heritage doit être adjugé à la charge de la rente fonciere.

Seigneur de rente fonciere a privilege pour les arerages de sa rente fonciere sur les fruits provenans des heritages sujets à sa rente, & est preferé à tous creanciers, excepté les frais de labours & femences, arerages de cens, frais de justice & autres de cette nature, art. 421. de la Coûtume d'Orleans.

Rentes Constituées.

Rentes constituées sont rentes créées à prix d'argent, ou pour demeurer quite de quelque somme de deniers ou autre chose dûë, ne peuvent être constituées à plus haut prix que l'Ordonnance qui est à present le denier vingt.

La faculté d'amortir & racheter la rente de la part du debiteur doit être perpetuelle, sans que le créancier de sa part puisse obliger le debiteur au rachapt. La clause dans un Contract de racheter dans un certain tems ne rend pas le Contract nul, mais la clause est nulle ; de même lorsque la rente est créée à plus haut prix que le taux de l'Ordonnance, le Contract n'est pas nul, mais la rente est reductible. On ne peut créer une rente constituée pour prix de marchandises venduës ou livrées lors de la constitution, il y auroit presomption d'usure, doit y avoir un intervale de quelques années entre la fourniture des marchandises & la constitution.

On ne peut pareillement créer une rente constituée pour demeurer quite d'interêts ou des arrerages d'une rente, ce seroit interêt d'interêts.

Dans les rentes constituées, l'action personnelle est principale, & l'action hypothequaire n'est qu'accessoire, au contraire és rentes foncieres, l'action personelle n'est qu'accessoire, & l'action hypothequaire est principale.

On ne peut demander que cinq années d'arrerages d'une rente constituée, à moins qu'on

ne raporte un commandement de 5. ans en 5.
ans, ou une demande en Justice qui ne soit
point perimée, les années precedentes étans
prescrites, & le debiteur n'est obligé d'affirmer,
la prescription étant introduite pour le soula-
gement des debiteurs.

Touchant la distinction des rentes & les
questions qui en dépendent, *Vide*, Lo.seau &
Baquet, & les articles 119. 120. 121. & 122.
de la Coûtume de Paris.

CHAPITRE VI.

De la réunion des rotures au fief.

N. I.   ARTICLE LIII.

Union des rotures au fief.

LEs heritages acquis par un Seigneur
de fief, en sa censive, sont réünis à
son fief & censez feodaux, si par exprés le Seigneur ne declare qu'il veut
que lesdits heritages demeurent en roture.

Remarques,

La réünion se fait de plein droit, soit que le
Seigneur acquiere l'ariere fief dépendant de
son fief, soit qu'il acquiere les rotures, à moins
que par le Contrat il ne soit dit au contraire.

La réünion se fait pareillement de plein droit si le proprietaire d'un heritage roturier acquiert la censive ou le fief dont il releve ; tous les heritages roturiers deviennent feodaux. M. le Prestre 1. Centurie, Chap. 64. M. Loüet & son Commentateur, Let. F. Somaire 5.

La Coûtume d'Orleans a deux dispositions particulieres à ce sujet.

L'article 10. porte, que la declaration pour empécher la réünion doit être faite lors de l'acquisition, Brodeau sur M. Loüet, Let. F. Sōmaire 5. est d'avis que cette disposition doit être observée dans la Coûtume de Paris ; c'est aussi le sentiment des autres Commentateurs.

L'article 9. de la même Coûtume porte, que la réünion des arriere-fiefs au fief ne se fait jusques à ce que l'acquereur ou son heritier en ayent porté la foy , ce qui est particulier dans cette Coûtume , & n'a lieu dans les Coûtumes qui n'ont une disposition pareille.

Conference.

Orleans , Chap. 3. Titre 1. Les autres Coûtumes , *Vide* , Fortin , Ricard , de Ferriere.

CHAP.

CHAPITRE VII.

Foy & hommage & offres esquels le vassal est obligé envers son Seigneur, & de la soufrance que le Seigneur est tenu accorder au vassal.

N. 2. ARTICLE LXIII.

Forme de la foy & hommage.

LE vassal pour faire la foy & hommage & ses offres à son Seigneur feodal, est tenu aller vers ledit Seigneur au lieu dont est tenu & mouvant ledit fief, & y estant demander si le Seigneur est au lieu, ou s'il y a autre pour luy ayant charge de recevoir les foy & hommage & offres, Et ce fait doit mettre un genoüil en terre, nuë teste, sans épée & éperons, & dire qu'il luy porte & fait la foi & hommage qu'il est tenu faire à cause dudit fief mouvant de luy : Et declarer à quel titre ledit fief luy est avenu, le requerant qu'il luy plaise le recevoir. Et où le Seigneur ne seroit

B

trouvé ou autre ayant pouvoir pour luy,
suffit faire hommage & offres devant la
principale porte du manoir, aprés avoir
apellé à haute voix le Seigneur par trois
fois. Et s'il n'y a manoir au lieu Seigneurial dont dépend ledit fief, & en cas
d'absence dudit Seigneur ou ses officiers, faut notifier lesdites offres au prochain voisin dudit lieu Seigneurial, &
laisser copie.

N. 3.   A R T I C L E LXIV.

Hommage où doit être fait.

Ledit Seigneur feodal n'est tenu recevoir la foy de son vassal en autre lieu
que celuy du fief, si bon ne luy semble.

N. 4.   A R T I C L E LXVII.

Hommage par qui doit être fait, & souf-
france que le Seigneur est tenu
accorder au vassal.

Le Seigneur feodal n'est tenu, si bon
ne lui semble, de recevoir la foy & hommage de son vassal, s'il n'est en personne, si ledit vassal n'a excuse suffi-

fante. Auquel cas d'excufe fuffifante,
eft tenu le recevoir par Procureur, fi
mieux n'aime ledit Seigneur bailler fouffrance, & attendre que l'excufe ceffe.

N. 5.   A R T I C L E XXXII.

Age requis pour porter la foy.

Tout homme tenant fief eft tenu &
reputé âgé à vingt-ans, & la fille à
quinze ans accomplis quant à la foy &
hommage & charges de fief.

N. 6.   A R T I C L E XLI.

*Souffrance que le Seigneur eft tenu accor-
der aux mineurs.*

Si tous les enfans, aufquels appartient aucun fief, font mineurs & en tutelle, le Seigneur feodal eft tenu de leur
bailler fouffrance, ou à leur tuteur, juf-
ques à ce qu'ils, où l'un d'eux foit en
âge, pour faire ladite foy & hommage.
Pour laquelle faire le fils eft reputé âgé
à l'âge de 20. ans, & la fille à l'âge de
15. ans accomplis, comme deffus eft dit.
Et eft tenu le tuteur declarer les noms &

âges des mineurs pour lesquels il demande souffrance.

N. 7.   ARTICLE XLII.

Souffrance vaut foy.

Souffrance vaut foy tant qu'elle dure.

N. 8.   ARTICLE XXXIV.

*Curateur ou Commissaire reçus à porter
la foy.*

Le Curateur ou Commissaire étably
à la requête des creanciers, à un fief
saisi, peut faire la foy & hommage au
Seigneur feodal au refus d'un vassal
proprietaire dudit fief, pour obtenir
main-levée de la saisie feodale.

N. 9.   ARTICLE LX.

*Contestation entre Seigneurs pour la foy,
vassal doit être reçû par main
souveraine.*

Quand entre plusieurs Seigneurs est
question d'aucun fief, que chacun d'i-
ceux Seigneurs dit être mouvant de luy,

le vassal en doit être reçû par main souveraine, & joüir pendant le procez,
en consignant par luy en Justice les
droits & devoirs par luy deus à cause
d'iceluy fief : Et aprés le procez ter-
miné est tenu le vassal faire & porter la
foy à celuy qui aura obtenu 40. jours
aprés la signification à luy faite de la
Sentence ou Arrêt.

Remarques.

Article 5. Il est dit , que la veuve acceptant
communauté ne doit la foy pour le fief acquis
pendant la communauté, pourveu que le mary
ait porté la foy.

Article 35. Le fils aîné en faisant la foy ac-
quite ses sœurs de la foy à cause de leur premier mariage.

Article 36. Les maris peuvent porter la foy
pour leurs femmes.

Article 12. Le vassal ne peut prescrire la foy
contre son Seigneur.

Nota. La prestation de foy & hommage se
doit faire suivant la coûtume du fief dominant,
parce que c'est un honneur qui est deu au Seigneur, au contraire , les profits de fiefs, comme le rachapt, quint ou autres droits se payent
suivant la coûtume du fief, servant M. le Prestre
2. Centurie, Chap. 45. M. Loüet , Let. C.

Sommaire 49. & Let. F. Sommaire 19.
Pour le surplus, *Vide* les Commentateurs.

Conférence.

Orleans, Chapitre 4. Titre 1
Les autres Coûtumes, *Vide* Fortin, Ricard,
de Ferriere.

CHAPITRE VIII.

Du dénombrement & communication des Titres entre le Seigneur & le vassal, & de la saisie feodale faute de dénombrement.

N. 10　　ARTICLE VIII.

Vassal tenu donner son dénombrement 40. jours aprés la foy.

LE vassal qui a été reçu en foy & hommage par son Seigneur, est tenu de bailler son dénombrement, en forme probante & authentique, écrit en parchemin, passé pardevant Notaire ou Tabellion dedans 40. jours, à compter du jour de ladite reception.

N. 11.   Article XI.

Vassal n'est tenu attendre 40. jours pour donner son dénombrement.

Neanmoins le vassal qui a fait ses foy & hommage & offres au desir de la Coûtume, peut bailler sondit dénombrement quand bon luy semble, & n'est tenu attendre lesdits 40. jours, ni la reception en foy.

N. 12.   Article XLIV.

Le Seigneur & le vassal tenus de se communiquer leurs Titres.

Et aprés que le vassal aura avoüé ledit Seigneur feodal, lesdits Seigneur & vassal communiqueront l'un à l'autre leurs aveus, dénombremens, & titres de la teneur dudit fief, qu'ils ont pardevers eux, & s'en purgeront par serment, s'ils en sont requis, & est tenu le vassal satisfaire le premier.

Nota. L'article 50. porte, que le vassal est tenu de communiquer ses papiers de recette au Seigneur.

N. 13.   **ARTICLE X.**

Seigneur est tenu de blâmer le dénombre-
ment dans 40. jours.

Aprés que le vassal a baillé son dénombrement au Seigneur feodal, ledit
Seigneur est tenu de blâmer ledit dénombrement dans 40. jours aprés iceluy
baillé, autrement est tenu pour reçeu.
Toutefois ledit vassal est tenu d'aller
ou envoyer querir ledit blâme, au lieu
du principal manoir dont est mouvant
ledit fief.

N. 14.   **ARTICLE IX.**

Saisie feodale faute de dénombrement.

Si le vassal ne baille son dénombrement dedans quarante jours aprés qu'il
aura été reçu par son Seigneur en foy
& hommage, iceluy Seigneur peut saisir
le fief & y metre Commissaire, jusques
à ce que ledit dénombrement luy ait été
baillé : mais il ne fait les fruits siens, &
en doit rendre compte le Commissaire,
aprés iceluy dénombrement baillé.

Remar-

Remarques.

Saisie feodale faute de dénombrement n'emporte perte de fruits, à la diference de la saisie feodale faute de foy & droits, où le Seigneur feodal fait les fruits siens, Article 1.

Saisie feodale faute de dénombrement : il faut établir Commissaire à peine de nullité de la saisie.

Plusieurs Docteurs tiennent, que dans la saisie feodale faute de foy & droits il n'est necessaire d'établir Commissaire. Que le Seigneur peut exploiter par ses mains. C'est le sentiment de Brodeau sur l'article 31. n. 11. Celuy de de Ferriere sur l'article 1. Glose 38. n. 19. & de plusieurs autres. Ils raportent neanmoins un Arrêt du 19. Decembre 1595. qui a jugé que la saisie feodale n'emporte perte de fruits que du jour que le Commissaire a été établi.

L'usage est d'établir Commissaire, c'est aussi le sentiment de M. du Plessis sur l'article 1.

Vide le Chap. suivant & les Comentateurs.

Conference.

Orleans, Chap. 5. Tit. 1.
Les autres Coûtumes, *Vide* Fortin, Ricard, de Ferriere.

C

CHAPITRE IX.

Saisie feodale faute de foy, & droits non payez.

N. 15.   A R T I C L E I.

Saisie feodale faute de foy & droits non payez, emporte perte de fruits.

LE Seigneur feodal par faute d'homme, droits & devoirs non faits & non payez, peut mettre en sa main le fief mouvant de luy, & iceluy fief exploiter en pure perte, & faire les fruits siens, pendant la main mise : à la charge d'en user par luy comme un bon pere de famille.

N. 16.   A R T I C L E XXVIII.

Pendant la saisie feodale, Seigneur n'est tenu d'acquiter les charges & rentes non intendées.

Le Seigneur feodal aprés qu'il a saisi ou fait saisir, & mettre en sa main le fief

tenu & mouvant de luy par faute
d'homme, droits & devoirs non faits,
pendant & durant le tems de sad. main-
mise, & qu'il le tient en sa main, n'est
tenu de payer & acquiter les rentes,
charges ou hypotheques non inseodées,
constituées sur iceluy par son vassal.

Inseodation, *Vide* Tit. 1. Chap. 4.

N. 17.   A R T I C L E XXIX.

Vassal tenu de rendre les fruits qu'il a
emlevé au préjudice de la saisie
seodale.

Si le vassal enfraint ladite main-mise
venuë à sa conoissance, il est tenu rendre les fruits & levées par luy recûës
dés & depuis ladite main-mise.

L'article 77 de la Coûtume d'Orleans porte,
que le vassal qui enfraint la main-mise est
amandable de 60 sols tournois.

N. 18.   A R T I C L E XXX.

Saisie seodale doit être signifiée pour
emporter perte de fruits.

Et pourtant ledit Seigneur seodal

est tenu faire notifier la main-mise à son vassal au principal manoir de son fief, du moins à celui qui tient ledit fief ou laboure les terres d'icelui, ou par publication generale au prône de l'Eglise parochiale dudit lieu saisi, & faire enregistrer au Greffe de la Justice dudit lieu.

Vide les Chapitres suivans, & les Remarques sur le Chap. 13.

CHAPITRE X.

Saisie feodale à cause de la mort du vassal.

N. 19.   ARTICLE VII.

Seigneur ne peut saisir feodalement que 40. jours aprés le decez de son vassal.

LE Seigneur feodal aprés le trépas de son vassal, ne peut saisir le fief mouvant de lui, ne exploiter en pure perte, jusques à quarante jours aprés ledit trépas.

Vide le Chap. suivant.

CHAPITRE XI.

Saisie feodale à cause de la mort du Seigneur, ou de l'alienation qu'il fait de son fief.

N. 20.   ARTICLE LXV.

Nouveau Seigneur ne peut saisir feodalement que 40. jours après sommation faite au vassal.

QUand un fief vient de nouvel par succession, acquisition, ou autrement à aucune personne, le nouveau Seigneur ne peut empêcher ni mettre en sa main les fiefs qui sont tenus de lui jusques à ce qu'il ait fait faire les proclamations & significations que ses vassaux lui viennent faire la foy & hommage dedans quarante jours. Et ce fait lesdits quarante jours passez, si lesdits vassaux ne se presentent, il peut saisir & exploiter les fiefs tenus & mouvans de lui, & faire les fruits siens : Pourveu toutefois que ladite proclamation &

C iij

ſignification ait été faite : C'eſt à ſçavoir quant aux fiefs eſtans és Duchez,
Comtez , Baronies , Chaſtellenies ,
dont ils ſont mouvans , par proclamations à ſon de trompe & cri public par
trois jours de Dimanche ou de marché,
ſi marché y a : Et quant aux fiefs eſtans
hors deſdits Duchez , Comtez , Baronies , & Chaſtellenies , dont ils ſont
mouvans , par ſignification faite au vaſſal à ſa perſonne , ou au lieu du fief ,
s'il y a manoir , ou au Procureur dudit
vaſſal , ſi aucun y a , ſinon au prône de
l'Egliſe parochiale dudit lieu en jour de
Dimanche , ou autre jour ſolemnel.

N. 21.　　A R T I C L E LXVI.

Ancien vaſſal ne doit que la bouche &
les mains.

L'ancien vaſſal ne doit que la bouche & les mains à ſon nouveau Seigneur.

Vide le Chapitre ſuivant.

CHAPITRE XII.

Saisie feodale sur les arriere-vassaux.

N. 22.   ARTICLE LIV.

Seigneur feodal peut saisir les arriere-fiefs.

LE Seigneur feodal qui met en sa main le fief mouvant de lui par faute d'homme, droits & devoirs non faits, peut semblablement mettre en sa main tous les arriere-fiefs ouverts dependans d'icelui fief, pour en jouïr comme un bon pere de famille.

N. 23.   ARTICLE LV.

Arriere-vassaux faisans la foy & payans les droits qu'ils doivent pour leur arriere-fiefs, ont main levée.

En ce cas les proprietaires ou Seigneurs desdits arriere-fiefs, & chacun d'eux, peuvent faire la foy & hommage au Seigneur dont ils tiennent en arriere-fiefs, lequel est tenu de les recevoir, &

C iiij

leur bailler main-levée, en lui payanꝫ
les droits & devoirs, si aucuns en sont
deus, à cause de l'arriere-fief qui leur
appartient.

Vide le Chapitre suivant.

C H A P I T R E　XIII.

Saisie feodale à la requeste de l'usufritier.

N. 24.　　A R T I C L E　II.

Usufruitier d'un fief peut saisir
feodalement.

L'Usufruitier d'un fief peut, à sa requeste, perils & fortunes, faire
saisir le fief ou fiefs, & arriere-fiefs ouverts, mouvans & dependans du fief,
dont il joüit par usufruit, à faute d'hommes, droits & devoirs non faits & non
payez. Pourveu qu'en l'exploit qui sera
fait, le nom du proprietaire du fief soit
mis & apposé : sommation toutefois
prealablement faite audit proprietaire,
à sa personne, ou au lieu du fief dominant, de faire saisir. Et ne peut le pro-

prietaire bailler main-levée, sinon en payant les droits audit usufruitier.

Remarques.

Touchant la saisie feodale, il faut distinguer les differentes causes qui donnent lieu de saisir feodalement, & les differentes mutations qui arrivent, tant de la part du Seigneur, que de la part du vassal. Quand c'est un nouveau Seigneur qui veut saisir feodalement, il est obligé de faire des proclamations publiques ou sommation au vassal avant de saisir feodalement, art. 65.

Quand la mutation arrive de la part du vassal, si c'est par mort, le Seigneur ne peut saisir feodalement que quarante jours aprés le decez, article 7.

Si c'est vente, plusieurs Docteurs tiennent, que le Seigneur peut incontinent saisir & fait les fruits siens. M. du Plessis au contraire sur l'article 7. dit, que le même délay de quarante jours doit être accordé au vassal, & que le Seigneur ne peut valablement saisir avant ce tems, pour quelque cause que ce soit : c'est aussi l'avis de Baquet droits de Justice, chap. 14. n. 3. ce qui paroît tres-équitable.

Si c'est l'usufruitier qui veut saisir feodalement, il doit faire une sommation prealable au proprietaire de saisir suivant l'article 2. & donner copie de la sommation.

Chaque saisie feodale a ses regles & ses maximes differentes, qu'il faut scrupuleu-

fement obferver à peine de nullité de la faifie
feodale.

Vide les Commentateurs pour le furplus, &
les remarques fur le Chap. 8.

Conference.

Orleans Chap. 6. 7. 8. 9. & 10. du Tit. 1.
Les autres Coûtumes, *Vide* Fortin, Ricard,
de Ferriere.

CHAPITRE XIV.

Saifie feodale n'a effet que pour 3. ans.

N. 25. ARTICLE XXXI.

Saifie feodale n'a effet que pour trois ans.

LA faifie feodale doit être renouvel-
lée de trois ans en trois ans, autrement n'a effet que pour trois ans, &
pour l'avenir, demeurent les Commif-
faires déchargez.

Conference.

Orleans, Article 51.

Les autres Coûtumes, *vide* Fortin, Ricard,
de Ferriere.

CHAPITRE XV.

*Seigneur ne fait les fruits siens jusques
à ce qu'il ait saisi feodalement.*

N. 26.　ARTICLE LXI.

*Vassal dormant, le Seigneur veille, &
au contraire.*

TAnt que le vassal dort, le Seigneur veille, & tant que le Seigneur dort, le vassal veille.

N. 27.　ARTICLE LXII.

Explication de l'article precedent.

C'est à dire que le Seigneur ne fait les fruits siens paravant qu'il ait saisi, & aprés la saisie les fruits sont siens jusques à ce que le vassal ait fait son devoir, en renouvellant toutesfois par le Seigneur la saisie de trois ans en trois ans, comme dessus est dit.

Conference.

Orleans, Article 85.

Les autres Coûtumes, *Vide* Fortin, Ricard, de Ferriere.

CHAPITRE XVI.

Vassal déniant tenir de son Seigneur, confisque son fief, & pendant le procez vassal joüit par provision.

N. 28.　　A R T I C L E XLV.

Vassal déniant son Seigneur, joüit par provision.

SI le Seigneur a mis en sa main le fief, qu'il dit être mouvant de luy par faute d'homme, & le vassal le désavoüé ou dénie à Seigneur, iceluy vassal doit avoir provision & joüir dudit fief pendant le procez.

N. 29.　　A R T I C L E XLIII.

Vassal déniant tenir de son Seigneur, confisque son fief.

Le vassal qui dénie le fief être tenu du

Seigneur feodal dont il est tenu & mouvant , confisque iceluy fief.

Remarques.

Desaveu doit être fait en Jugement , il faut
qu'il y ait de la fraude , de la malice , ou de la
mauvaise foy de la part du vassal , & non de
l'erreur ou ignorance. La confiscation ne se
fait de plein droit ; il faut qu'il y ait Jugement
qui l'ordonne.

Les mineurs , les tuteurs , les usufruitiers ,
les prodigues, furieux , insensez , les femmes en
puissance de mary ne peuvent commettre leurs
fiefs.

Vassal confisque encore son fief par felonie
lorsqu'il outrage ou maltraite son Seigneur de
fait ou paroles injurieuses , machine sa mort,
son deshonneur , &c.

Vide les Commentateurs.

Conference.

Orleans Chapitre 13. Titre 1.

Les autres Coûtumes , *vide* Fortin , Ricard,
de Ferriere.

CHAPITRE XVII.

Des droits Seigneuriaux deûs aux Seigneurs féodaux & Censiers.

SECTION I.

Droits Seigneriaux deûs pour démembrement de fief.

N. 30. ARTICLE LI.

Vassal peut aliener jusques aux deux tiers de son fief en retenant la foy sans qu'il soit deû profit ; mais si il aliene plus des deux tiers, les profits sont deus.

LE vassal ne peut démembrer son fief au préjudice & sans le consentement de son Seigneur : bien se peut joüer & disposer, & faire son profit des heritages, rentes, ou cens estant dudit fief, sans payer profit au Seigneur dominant, pourveu que l'alienation n'excede des deux tiers, & qu'il en retienne la foy entiere & quelque droit

Seigneurial & domanial fur ce qu'il aliene.

N. 31.   ARTICLE LII.

S'il y a ouverture au fief, Seigneur qui n'a confenti ni infeodé l'alienation peut exploiter entierement le fief & ce qui a été aliené.

Et neanmoins s'il y a ouverture dudit fief, le Seigneur peut exploiter tout ledit fief, tant pour ce qui eft retenu qu'aliené, finon que le Seigneur feodal euft infeodé le droit domanial retenu en faifant ladite alienation, ou bien qu'il l'eût reçeu par aveu.

Infeodation, *vide* Chap. 4. Tit. 1.

Remarques.

Les Coûtumes font differentes au fujet des droits deûs aux Seigneurs pour l'alienation des fiefs.

Anciennement les fiefs n'étoient qu'à vie ; c'eft pourquoy le vaffal ne pouvoit démembrer ni aliener aucune portion de fon fief, n'en ayant que la fimple jouiffance : mais depuis que les fiefs ont été faits patrimoniaux & reduits à l'inftar des autres biens, il a été libre à un chacun de difpofer de fon fief à fa vo-

lonté, sans le consentement de son Seigneur ;
mais à la charge de certains droits au Seigneur, suivant la nature & qualité de l'aliénation.

Il y a des cas neanmoins où il n'est rien
deu au Seigneur pour alienation de fief.

L'article 51. porte, qu'il n'est rien deu pour
alienation de fief, pourveu que l'alienation
n'excede les deux tiers, & que celuy qui aliene
retienne la foy entiere, & quelque droit Seigneurial & domanial sur ce qu'il aliene.

La Coûtume d'Orleans donne plus de pouvoir au vassal. L'article 7. porte qu'un vassal
peut bailler à cens, rente, ferme ou pension
son domaine à vie, à tems ou à toûjours, en
retenant à luy les foy & hommage, & n'y a en
ce faisant le Seigneur de fief aucun profit,

Dans les Chapitres suivans il y a plusieurs
autres cas où il n'est encore rien deu aux Seigneurs pour alienation de fiefs ; dans les autres
il est deû quint denier, relief, ou autre droit,
suivant la qualité de l'alienation.

Vide les Chapitres suivans & les Remarques
sur le Chapitre 4.

Vide les Commentateurs & la Section 3. du
Chap. 17. Tit. 1. de la Coûtume d'Orleans.

SEC-

SECTION II.

Droits Seigneuriaux deûs pour fief ven-du, ou baillé à rente rachetable.

N. 32. ARTICLE XXIII.

Quint denier est deu pour fief vendu ou baillé à rente rachetable.

Quand un fief est vendu ou baillé à rente rachetable, l'acheteur doit payer le quint denier du prix, ou sort principal de la rente, encore qu'elle ne soit rachetée.

Remarques.

De toutes ventes, ou actes équipolens à la vente, droits Seigneuriaux sont deûs, *datio in solutum*, donation à quelque charge, & generalement tout ce qui peut passer pour vente.

Vide M. du Plessis sur cet article & les Commentateurs.

L'article 78. porte que ventes sont deuës pour rotures données à rente rachetable.

Conference.

Orleans Chap. 17. Section 1. 2. 3. & 4. Tit. 1. Les autres Coûtumes, *vide* Fortin, Ricard de Ferriere.

D

SECTION III.

*Profits de fiefs sont réels, & ce qui con-
cerne le payement des profits
anciens & nouveaux.*

N. 33.   ARTICLE XXIV.

Profits de fiefs sont réels.

Le Seigneur feodal se peut prendre à
la chose, pour les profits de son fief.

Remarques.

Article 81 porte, que les ventes & amendes
se poursuivent par action seulement.

L'article 66. de la Coûtume d'Orleans porte,
quand un Seigneur de fief a reçeu son vassal, il
ne luy peut donner empêchement pour les profits qui lui en pouroient être deûs devant la reception en foy, ny les démander, sinon qu'il eût
fait reservation expresse desdits profits. Auquel
cas ils gissent en action ; laquelle action il peut
intenter contre l'acquereur & detenteur, encore
qu'il sût reçû en foy, reservé à luy son recours.

L'article 2. de la même Coûtume porte,
si le Seigneur a saisi feodalement avant la vente
l'achepteur doit payer entierement les profits
qui étoient deûs avant la vente, sauf son recours contre son vendeur.

Lorſque le Seigneur n'a ſaiſi, l'article 1.
porte, que le Seigneur eſt tenu recevoir l'acheteur en ſoy, en payant le quint denier de la
vente.

Vide les deciſions de cette Couſtume que j'ay
miſes en leur ordre naturel, Section 1. & 18.
Chap. 17. Tit. 1. *Vide* la Section ſuivante.

SECTION IV.

Droits Seigneuriaux deüs pour ſuccef-
ſion & donation de fiefs, tant en ligne
directe que collaterale & premier ma-
riage des filles, & pour donation &
legs à étrangers.

N. 34.   ARTICLE III.

Pour ſucceſſion de fiefs en ligne directe
n'eſt deu profit, excepté les fiefs
ſcis au Vexin le François.

Quand aucun fief échet par ſuccef-
ſion de pere, mere, ayeul ou ayeule,
il n'eſt deu au Seigneur feodal dudit fief,
par les décendans en ligne directe, que
la bouche & les mains, avec le ſerment
de fidelité, quand leſdits pere, & mere,
ayeul, ou ayeule, ont fait & payê les

droits & devoirs en leurs temps : en ce non compris les fiefs qui relevent & se gouvernent selon la Coûtume du Vexin le François. Esquels fiefs qui se gouvernent selon la Coûtume dudit Vexin, est deu relief à toutes mutations. Et aussi ne font deus quints.

Remarques.

Vexin le François n'est point une Coûtume particuliere : mais ce sont fiefs scituez dans l'étenduë de la Coûtume de Paris ; lesquels par la premiere investiture ont étez donnez à la charge qu'il seroit payé relief à toutes mutations même par succession en ligne directe, M. de Ferriere sur cet article.

Dans la Coûtume d'Orleans il y a un Titre concernant les relevoisons à plaisir ou à toutes mutations, même en ligne directe. Les relevoisons à plaisir font deuës, qui est le revenu de l'heritage pour un an.

Vide Titre 3. de la Coûtume d'Orleans Chapitre 1.

N. 35.   ARTICLE XXVI.

Pour donation de fiefs en ligne directe n'est deû profit.

Le fils auquel les pere ou mere, ayeul

ou ayeule, ont donné aucun heritage
tenu en fief en avancement d'hoirie, ne
doit que la bouche & les mains au Seigneur feodal, encore que la chose donnée ait été évaluée, ou qu'il renonce
à la succession ou successions de sesdits
pere ou mere, ayeul ou ayeule, & que
ladite portion vaille plus que sa portion
hereditaire, ou que la chose luy soit
baillée en payement de ce qui luy auroit été promis par Contrat de mariage.

N. 36.   A r t i c l e XXXIII.

Relief, quand est deu.

En toutes mutations de fief, est deu
droit de rachapt ou relief, fors & excepté celles qui se font par vendition
ou bail à rente rachetable, esquelles est
deu par l'achepteur ou preneur à rente
le quint denier comme dessus est dit :
Et pour celles qui se font par succession
ou par donations en ligne directe, n'est
rien deu, si ce n'est au Vexin le François, comme dessus.

Remarques.

Pour donation, succession ou legs de fiefs en ligne directe n'est deu que la bouche & les mains.

Pour donation, succession ou legs de fiefs en collaterale est deu relief.

Pour donation ou legs de fiefs faits à étrangers est deu relief.

Quand c'est une vente est deu quint denier, tant en ligne directe que collaterale & entre étrangers.

Pour les fiefs scituez au Vexin le François, relief est deu à toutes mutations.

Vide les Remarques cy dessus.

N. 37. ARTICLE XXXV.

Aîné faisant la foy acquitte ses sœurs de la foy & du relief.

Le fils aîné en faisant la foy & hommage au Seigneur feodal, acquitte ses sœurs de leur premier mariage, tant de la foy, que du relief, où il est deu relief, les noms & âges desquelles il est tenu déclarer en portant la foy.

N. 38. ARTICLE XXXVI.

*Relief n'est deu pour le premier mariage
des filles.*

Et s'il n'y a que filles, ou que le fils
aîné, si aucun y a, n'ait porté la foy,
n'est deu droit de relief en ligne directe
par lesdites filles à cause de leur premier
mariage, lesquelles neanmoins esdits
cas, ou leurs maris pour elles, doivent
porter ladite foy sans payer relief.

N. 39. ARTICLE XXXVII.

*Relief est deu pour le second & autres
mariages des filles.*

Mais si elles se marient en secondes
ou autres nopces, est deu relief pour chacun desdits autres mariages.

N. 40. ARTICLE XXXVIII.

*Quand le fief échet en ligne directe à une
femme mariée en premiere ou autres
nopces n'est deu relief : mais en collaterale est deu relief.*

Et si pendant ledit premier, second,

ou autre mariage, ledit fief échet à une
femme en ligne directe, semblablement
n'est deu relief pour ladite mutation :
mais si ledit fief échet en ligne collaterale, avant qu'elle soit mariée, est
deu relief : Comme aussi est deû en toutes mutations qu'elle fera par mariage :
& si pendant l'un desdits mariages ledit
fief luy échet en ligne collaterale, n'est
deu qu'un seul droit de relief pour ladite
mutation, tant pour son mary que pour
elle.

Conference.

Vide Orleans, Chapitre 17. Section 2. & 3.
du Titre 1.

Les autres Coûtumes, *vide* Fortin, Ricard
& de Ferriere.

SECTION V.

*Pour fiefs écheus en ligne directe ascen-
dante, n'est deu profit.*

N. 41.　　A R T I C L E IV.

Pareillement aux successions venans

à

à pere, mere, ayeul, ou ayeule, de leurs
enfans & descendans, n'est deû au Seigneur féodal que la bouche & les mains,
avec le serment de fidelité, quand lesdits
enfans ont fait l'hommage, & payé les
droits : fors & excepté les fiefs du Vexin, comme dessus.

SECTION VI.

*Droits Seigneuriaux ne sont deûs pour la
garde-noble, ou bourgeoise.*

N. 42.　　ARTICLE XLVI.

*Gardien, noble ou bourgeois, ne doit relief
pour les fiefs des mineurs.*

Le gardien noble, ou bourgeois,
n'est tenu payer droit de relief pour les
heritages feodaux appartenans aux mineurs desquels il est gardien, mais il est
tenu les en acquiter, s'il en est deû du
chef desdits mineurs.

Conference.

Orleans, Article 23.
Les autres Coûtumes, *vide* Tortî, Ricaid
de Ferriere.

SECTION VII.

Droits Seigneuriaux quand sont deûs pour la renonciation des enfans à la succession de leur pere, mere, ayeul, ou ayeule.

N. 43.   A R T I C L E V I.

N'est aussi deû droit de relief, pour la renonciation faite par aucuns des enfans à l'heredité de leurs pere & mere, ayeul ou ayeule, encore que par ladite renonciation, il y ait accroissement au profit des autres enfans : pourveu toutefois que pour faire ladite renonciation n'y ait argent baillé ou autre chose équipolente.

Vide Articles 27. 310.

Conference.

Orleans, Articles 39.

Les autres Coûtumes, *vide* Fortin, Ricard, de Ferriere.

SECTION VIII.

Droits Seigneuriaux ne sont deûs par la veuve pour fiefs acquis pendant la communauté, ni par les heritiers, à cause de la renonciation de la veuve.

N. 44.   ARTICLE V.

N'est deû foy & hommage, relief ne profit feodal par la femme acceptant communauté, pour le fief acquis par le mary durant ladite communauté. Aussi n'est deu relief ne profit feodal par les heritiers dudit mary, advenant que ladite veuve renonce à ladite communauté : encore que par le moyen de ladite renonciation le total dudit fief demeure aux heritiers du mary, pourveu quesdits cas ledit mary ait fait la foy & hommage, & payé les droits.

Conference.

Orleans, Article 38.

Les autres Coûtumes, *vide* Fortin, Ricard, de Ferriere.

E ij

SECTION IX.

Droits Seigneuriaux ne font deûs par la veuve demeurante en viduité, à cause des fiefs à elle appartenants en propre.

N. 45. ARTICLE XXXIX.

Que doit une veuve qui ne se remarie.

La femme demeurant en viduité aprés le decez de son mary qui avoit relevé son fief & payé les droits pour ce deûs, ne doit aucun relief, ains seulement est tenuë faire la foy & hommage, si elle ne l'a faite.

SECTION X.

Droits Seigneuriaux ne font deûs pour fiefs dont la veuve joüit pour son doüaire, & s'il en est deû c'est à l'heritier à l'en acquiter.

N. 46. ARTICLE XL.

Heritier tenu acquiter la doüairiere.

La femme doüairiere n'est tenuë pour

ſon doüaire faire la foy & hommage,
ne payer aucun relief ne profit ; mais eſt
tenu l'heritier l'en acquiter & payer le
profit, s'il eſt deû de ſon chef.

SECTION XI.

Droits Seigneuriaux ne ſont deûs pour li-
citation entre coheritiers : mais ſi l'ad-
judication eſt faite à un étranger, les
droits ſont deûs.

N. 47.   ARTICLE LXXX.

D'heritage acquis par coheritiers en lici-
tation, ne ſont deuës ventes : mais
bien par étranger.

Si l'heritage ne ſe peut partir entre
coheritiers, & ſe licite par juſtice ſans
fraude, ne ſont duës aucunes ventes pour
l'adjudication faite à l'un d'eux : mais
s'il eſt adjugé à un étranger, l'acquereur
doit ventes.

Conference.

Orleans, *vide* Chapitre 17. Section 10. du
Titre 1.

SECTION XII.

Pour deguerpissement, le Seigneur a le choix de prendre les droits du premier Contrat ou de l'adjudication par decret.

N. 48. ARTICLE LXXIX.

Le Seigneur a le choix des ventes du Contrat ou decret sur deguerpissement.

Si l'acheteur d'un heritage est contraint deguerpir & delaisser l'heritage pour les debtes de son vendeur, & en ce faisant il se vend & adjuge par decret à la poursuite des creanciers, ledit acquereur succede au droit du Seigneur, pour avoir & prendre à son profit les ventes dudit decret telles qu'eust pris ledit Seigneur. Ou est au choix dudit Seigneur de les prendre, en rendant celles qu'il a reçeües de l'acquisition premiere.

Vide le Chapitre suivant.

Conference.

Orleans, Article 115.

SECTION XIII.

Droits Seigneuriaux deûs pour decret vo-
lontaire ou forcé.

N. 49. ARTICLE LXXXIII.

Quint denier est deû pour adjudication
de fief par decret & ventes pour
rotures

Pour heritages vendus ou adjugez par
decret à la charge de rente rachetable ,
soit que ledit heritage soit fief ou roture,
est deû au Seigneur de fief le quint denier du prix : Et au censier le droit de
ventes , tant pour le prix contenu és
Contrats ou decret , que pour le sort
principal desdites rentes , encore que
lesdites rentes ne soient lors rachetées.

N. 50. ARTICLE LXXXIV.

Pour decret volontaire le Seigneur a le
choix de prendre les profits du pre-
mier Contrat, ou du decret.

Si aucun achete un heritage à la char-
E iiij

ge qu'il sera adjugé par decret, ou bien
si l'acheteur pour purger les hypotheques le fait decreter, & tel acheteur est
adjudicataire, n'est deû qu'un seul droit
de quint ou ventes, tant pour le Contrat
d'acquisition que le decret : Est toutefois au choix du Seigneur de prendre
lesdits quints ou ventes selon le prix dudit Contrat ou decret.

Conference.

Orleans, Chapitre 17. Section 12. Tit. 1.

SECTION XIV.

*Ventes ne sont deûës pour rotures données
à rente fonciere, non rachetable, mais
si la rente est venduë, les ventes sont
deûës.*

N. 51. ARTICLE LXXXVII.

*Ventes comment deûës pour rentes foncie-
res non rachetables.*

De toutes rentes foncieres non rachetables venduës à autres, ou delaissées par
rachat depuis le premier bail, sont deuës

ventes, eu égard au prix de la vente ou
rachat d'icelle rente, tout ainsi que si
l'heritage ou partie d'iceluy avoit été
vendu.

Vide les Remarques de la Section 1. & 2.

Conference.

Orleans, Article 108.

SECTION XV.

*Ventes sont deüës pour rotures données à
rente rachetable.*

N. 52. ARTICLE LXXVIII.

*Ventes sont deuës de l'heritage acheté ou
pris à rente rachetable.*

Si aucun achete à prix d'argent ou
prend à rente rachetable heritage étant
en la censive d'un Seigneur censier ou
foncier, tel acheteur dudit heritage, ou
preneur à rente, est tenu payer au Seigneur censier ou foncier les ventes dudit achat ou sort principal de la rente,
encore qu'elle ne soit rachetée.

Vide les Remarques de la Section 2.

SECTION XVI.

Remarques concernans les droits Seigneuriaux.

Il est fait mention dans la Coûtume d'Orleans des droits Seigneuriaux deûs par gens d'Eglise & de Main-morte, pour acquisition par eux faites de fiefs & rotures.

Des droits Seigneuriaux deûs pour biens échûs par aubaine & confiscation.

Des droits Seigneuriaux deûs pour retrait.

Des droits Seigneuriaux pour resolution de Contrat.

Des droits Seigneuriaux deûs pour échange de fiefs & rotures.

Des droits Seigneuriaux deûs pour fiefs & rotures vendus sous faculté *de Remeré.*

Du cheval de service, & plusieurs autres droits.

Vide les decisions de cette Coûtume que j'ay mise en son ordre naturel, chapitre 17. Titre 1. & les Sections qui y sont contenuës.

Vide le Titre 3. concernant les relevoisons à plaisir, & les relevoisons du denier six.

SECTION XVII.

Des droits de ventes, & en quoy consis-
tent les ventes, & de l'amende deuë
faute de payer les ventes.

N. 53.   ARTICLE LXXVI.

Droit de vente est de douze deniers un.

Les droits de vente deûs au Seigneur
censier, sont de douze deniers, un denier,
qui est pour chacun franc seize deniers
parisis.

N. 54.   ARTICLE LXXVII.

Est deû un écu quart d'amende, faute de
payer les ventes.

Pour ventes recelées & non noti-
fiées au Seigneur censier dans vingt
jours de l'acquisition, est deû un écu,
& un quart d'écu d'amende au Seigneur
censier.

N. 55. ARTICLE LXXIII.

Seigneur censier peut contraindre ses cen-
sitaires de communiquer leurs Titres
d'acquisition pour être payé des droits
de vente, saisine & amende.

Il est loisible à un Seigneur foncier
ou censier de poursuivre l'acquereur
nouvel detenteur d'aucun heritage étant
en sa censive ou Seigneurie fonciere,
afin d'apporter & exhiber lettres d'acquisition d'iceluy heritage, si aucunes
y en a, pour être payé des droits de vente, saisines & amendes.

N. 56. ARTICLE LXXXI.

Ventes & amendes se poursuivent par
action seulement.

Les ventes & amendes se poursuivent
par action seulement.

Remarques.

L'article 24. porte, que les profits de fiefs
sont réels. Ainsi un Seigneur de fief ou cen-

fier, se peut pourvoir contre les detenteurs des
heritages sujets à ses profits, pour être payé
de ses droits, & ils ne peuvent se dispenser de
payer, à moins qu'ils ne deguerpissent ou que
l'action ne soit prescrite, sauf leur recours
contre leur vendeur.

Pour le surplus, *vide* les Commentateurs
& le Titre 2. des censives & droits censuels,
& les Remarques sur l'Article 24.

Conference.

Orleans, Chapitre 17. Section 16. Titre 1.
& Chapitre 3. Titre 2.

Les autres Coûtumes *vide* Fortin, Ricard,
de Ferriere.

SECTION XVIII.

*Du droit de relief, & en quoy il consiste,
de l'exploitation du fief de la part du
Seigneur, & à quoy le Seigneur &
l'assal sont tenus pendant l'exploitation.*

N. 57. ARTICLE XLVII.

Droit de relief, en quoy consiste.

Droit de relief est le revenu du fief

d'un an, ou le dire de preud'hommes, ou une somme pour une fois offerte de la part du vassal, au choix & election du Seigneur feodal.

N. 58. ARTICLE XLIX.

De quel jour commence l'année du relief.

Et commence ladite année, au jour des offres acceptées, ou valablement faites par le vassal jusques à pareil jour l'an revolu, & ne se fait qu'une seule cueillette d'une sorte de fruits.

N. 59. ARTICLE L.

Vassal tenu de communiquer ses papiers de recepte, pour jouir par le Seigneur de l'année du relief.

Le Seigneur feodal qui a choisi pour son droit de relief, le revenu d'un an, du fief mouvant de luy, peut (si bon luy semble) prendre iceluy revenu, & est le vassal tenu de luy communiquer les papiers de ses receptes, ou luy en extraire la declaration sur iceux papiers aux dépens du Seigneur.

Communication des Titres, *vide Art. 44.*

N. 60. ARTICLE XLVIII.

*De quelle maniere le Seigneur prend son
droit de relief sur les fruits qui ne
se perçoivent tous les ans.*

S'il y a bois taillis, estangs, saulsayes, & autres choses semblables, qui ne se coupent ou perçoivent par chacun an, les fruits se prennent pour portion du temps qu'ils ont accoûtumé être pris, coupez ou perceus, encore qu'ils soient coupez ou perceus, ou non, en ladite année, les frais déduits sur lesdits fruits.

N. 61. ARTICLE LVI.

*Seigneur doit se contenter de la redevance
deuë par le Fermier, & ce qui n'est af-
fermé peut l'exploiter par ses mains.*

Le Seigneur feodal qui met en sa main par faute d'homme, droits & devoirs non faits, le fief tenu & mouvant de luy, qui de bonne foy & sans fraude,

a été baillé à loyer ou moison par son
vassal en tout ou partie, doit se contenter de la redevance deuë par le fermier
ou preneur, pour ce qui est baillé à ferme, & pour le surplus le peut exploiter
par ses mains en rendant les labours,
semences & frais de ce qu'il exploite ou
met en ses mains.

N. 62.　　A R T I C L E L V I I.

L'article precedent a lieu, lorsque le Sei-
gneur prend le revenu d'un an pour
son droit de relief.

La Coûtume dessusdite a lieu quand
le Seigneur feodal veut avoir le revenu
d'un an pour son droit de relief.

N. 63.　　A R T I C L E L I X.

Seigneur n'est tenu de se contenter de la
rente deuë par le Fermier, lorsque le
vassal a alienè son fief sans demission de
foy; mais peut exploiter le fief.

Et si le vassal avoit baillé son fief à
rente sans demission de foy, & le Seigneur le met en sa main par faute d'homme,

me, droits & devoirs non faits, s'il y
a des terres emblavées, ledit Seigneur
peut (si bon luy semble) prendre les
gagnages de ladite terre en rendant les
feurs, labours & semences, & n'est tenu ledit Seigneur se contenter de prendre la rente, pourveu qu'elle ne soit in-
feodée.

N. 64. ARTICLE LVIII.

Seigneur qui exploite le fief par ses mains
ne peut déloger son vassal ; mais doit
avoir partie de la maison pour s'y loger
& jouir du relief.

Si le vassal tient en ses mains son fief,
& ne l'a baillé à ferme ou moison, &
s'il est exploité par le Seigneur dominant, ledit Seigneur dominant doit avoir
les caves, greniers, granges, estables,
pressoirs & celliers, qui sont au principal manoir & basse-court servant
pour recueillir & garder les fruits, &
aussi portion du logis pour se loger
quand il y voudra aller, pour cueillir
& conserver les fruits, sans toutefois
déloger son vassal, femme, enfans, &

F

famille y demeurans & habitans : Et si le fief consiste en une maison seule, si elle est loüée par le vassal, se doit le Seigneur contenter du loüage : Et si elle n'est loüée, il prendra le loyer au dire de gens à ce connoissans.

Remarques.

Touchant le relief & exploitation du fief, *vide* Coûtume d'Orleans, Chapitre 16. Tit. 1. & la Section 16. du Chapitre 17. du même Titre.

Pour les autres Coûtumes, *vide* la Conference de Fortin, Ricard, de Ferriere.

Nota, Seigneur qui joüit du fief & fait les fruits siens profite des fruits naturels, civils & industriaux ordinaires & extraordinaires, qui font partie & sont des dépendances du fief : mais ne peut rien prétendre sur les meubles & autres effets du vassal ; ne peut deteriorer ni dégrader, doit en user comme un bon pere de famille, est obligé de veiller à la conservation du fief, façonner les terres, & cultiver les vignes, laisser les pailles lors qu'il a fait la recolte, tenu rendre les labours & semences ; n'est tenu des grosses reparations, à la difference de l'usufruitier, à tous les honneurs & prerogatives du fief, à la collation, presentation & nomination aux benefices, &c.

Vide les Commentateurs sur ces Articles.

SECTION XIX.

Des personnes qui ont droit de colombier.

N. 65.   ARTICLE LXIX.

Seigneur haut Justicier, comment peut avoir colombier.

Le Seigneur haut Justicier qui a censive peut avoir colombier à pied, ayant boulins jusques aux rez de chaussée.

N. 66.   ARTICLE LXX.

Seigneur non haut Justicier, comment peut avoir colombier.

Aussi le Seigneur non haut Justicier ayant fief, censive, & terres en domaine jusques à cinquante arpens, peut avoir colombier à pied.

Conference.

Orleans, Article 168.

Les autres Coûtumes, *Vide* Fortin, Ricard, de Ferriere.

F ij

S E C T I O N XX.

Du moulin, four bannal & corvées.

N. 67.   A R T I C L E LXXI.

Nul ne peut avoir moulin ou four bannal,
ni faire corvées sans titre.

Nul Seigneur ne peut contraindre ses
sujets d'aller au four ou moulin qu'il
prétend bannal, ou faire corvées, s'il
n'en a titre valable, ou aveu, & dénombrement ancien. Et n'est reputé titre valable, s'il n'est auparavant vingt-cinq
ans.

N. 68.   A R T I C L E LXXII.

Moulin à vent ne peut être bannal sans
Titre.

Le moulin à vent ne peut être bannal,
ni sous pretexte de ce les meûniers voisins empêchez de chasser s'il n'y a titre,
ou reconnoissance par écrit, comme
dessus.

Conference.

Orleans, Chap. 17. Section 19. Titre 1.

Les autres Coûtumes, *vide* Fortin, Ricard, de Ferriere.

SECTION XXI.

Remarques sur le Titre des fiefs.

Les Articles concernans le partage des fiefs, le préciput de l'aîné, & le franc-aleu ont estez mis sous le titre des successions. Ces articles ayans une entiere liaison avec les matieres qui sont traitées sous ce titre.

Il en est de même des Articles concernans le retrait feodal, lesquels ont estez mis sous le titre du retrait lignager, à cause du rapport qu'ils ont avec le retrait lignager.

L'article 12. concernant la prescription des droits feodaux & censuels a été mis sous le titre 6. des prescriptions.

Dans la Coûtume d'Orleans il est parlé des droits de champarts & terrage qui sont le plus souvent droits Seigneuriaux, *vide* le Titre 4. de cette Coûtume que j'ay mise en son ordre naturel.

Le Titre 5. de la même Coûtume traite des droits de panages, herbages, paisons & prinses de bestes, dommage & amende qui en sont deüs.

Le Titre 6. traite des épaves & bêtes éga-
rées.

Le Titre 8. des Etangs & droits d'iceux.

Vide ces Articles. Les dispositions qui y sont
contenuës sont en usage, & observées dans la
plûpart des Coûtumes comme très judi-
cieuses & remplies d'équité.

TITRE II.

Des Censives & droits censuels,

*Où il est traité du cens , & ce qui concerne
le cens de l'amende deüe faute de payement du cens & de la saisie que le Seigneur peut faire sur les meubles & fruits
des maisons & heritages sujets à son cens
& de la saisine.*

N. 69. ARTICLE LXXXV.

Amende deüe faute de payement du cens.

Toutes personnes tenans leurs maisons & heritages en censive, sont tenus de payer les droits de cens au Seigneur, dont les heritages sont tenus &
mouvans, au lieu & jour que deüs sont,

sur peine de cinq sols parisis d'amende :
fors & excepté des heritages assis en la
ville & banlieuë de Paris, qui ne doivent aucune amende par faute dudit cens
non payé, si à ladite amende payer les
detenteurs d'iceux ne sont expressement
obligez.

N. 70.   Article LXXXVI.

Seigneur censier peut proceder par voye
de gagerie sur les meubles, étans dans
les maisons sujets à son cens, pour paye-
ment de trois années d'arrerages de
cens.

Il est loisible à un Seigneur censier
en la ville & banlieuë de Paris, en défaut de payement des droits de cens,
dont sont chargez les heritages tenus en
sa censive, de proceder par voye de simple gagerie sur les biens estans és maisons pour trois années d'arrerages dudit
cens & au dessous. Et est entendu simple
gagerie quand il n'y a transport de
biens.

Gagerie, *vide* la Remarque sur l'Article 163.

N. 71. ARTICLE LXXIV.

Seigneur censier peut saisir les fruits des heritages sujets à son cens.

Un Seigneur censier peut proceder ou faire proceder par voye d'Arrest, ou brandon, sur les fruits pendans en l'heritage à lui redevable d'aucuns cens ou fonds de terre, pour les arrerages qui lui sont deûs.

N. 72. ARTICLE LXXV.

Proprietaire saisi a main-levée, en consignant trois années de cens.

Si le proprietaire saisi s'oppose à la saisie, il doit avoir main-levée par provision, en consignant trois années du cens.

N. 73. ARTICLE LXXXII.

Acquereurs d'heritages roturiers ne sont tenus faire ensaisiner leurs acquisitions si bon ne leur semble.

Ne prend saisine qui ne veut ; mais si
on

on prend saisine , sera payé douze deniers parisis pour la saisine.

Saisine , *vide* Articles 96, 97. 98.

Remarques.

Le surplus des Art. des Censives a été mis sous le Titre des Fiefs , Chapitre 14. Section 11. 12. 13. 14. 15. 16. & 17. comme faisant partie des droits Seigneuriaux.

L'article 122. de la Coûtume d'Orleans porte : heritage tenu à cens ne se peut bailler à autre cens ; c'est pourquoi s'il y avoit un second cens imposé, il ne doit estre consideré que comme rente fonciere.

Le cens est la marque de la directe Seigneurie ; il faut estre Seigneur de fief pour avoir droit de cens , le cens ne peut estre deû que par un heritage roturier ; les fiefs ne pouvans estre chargez de cens.

Vide les Remarques du Chap. 5. Tit. 1.

L'article 121. de la Coûtume d'Orleans porte, que le cens est divisible.

Dans la Coûtume de Paris , & les autres Coûtumes qui n'en parlent pas ; les Docteurs sont d'avis que le cens est indivisible, si ce n'est du consentement du Seigneur censier. Tronçon, Art. 74.

Le cens ne souffre aucune diminution quelque sterilité qu'il y ait.

Le cens est noble en la personne du creancier, & se partage noblement, emporte lots & ventes.

Le cens est imprescriptible ; mais la quotité

& les arrerages se prescrivent par trente ans,
Art. 124. de la Coûtume de Paris.

Pour le surplus, *vide* les Commentateurs.

Conference.

Orleans, Titre 2. Chap. 1. 2. 3. & 4.
Les autres Coûtumes, *vide* Fortin, Ricard,
de Ferriere.

TITRE III.

Quels biens sont meubles ou immeubles,

Où il est traité des promesses & obli-
gations & autres choses mobiliaires,
des immeubles par destination, des ren-
tes constituées, des offices & autres
choses immobiliaires.

N. 74. ARTICLE LXXXVIII.

En la Coûtume de Paris tous les biens
sont meubles, ou immeubles.

EN la Prevôté & Vicomté de Paris,
il y a deux sortes & especes de biens

seulement : c'est à sçavoir, meubles, &
immeubles.

N. 75. ARTICLE LXXXIX.

Cedules & obligations pour choses mobi-
liaires, sont meubles.

Cedules & obligations faites pour
sommes de deniers, marchandises ou
autres choses mobiliaires, sont censées
& reputées meubles.

N. 76. ARTICLE XC.

Ustanciles d'hostel, moulins & pressoirs,
quand sont meubles, ou immeubles.

Ustanciles d'hostel qui se peuvent
transporter sans fraction & deteriora-
tion, sont aussi reputez meubles : mais
s'ils tiennent à fer, ou à cloud, ou sont
scellez en plastre, & sont mis pour perpetuelle demeure, & ne peuvent estre
transportez sans fraction & deteriora-
tion, sont censez & reputez immeubles,
comme un moulin à vent & à eau,
pressoir édifié en une maison, sont reputez immeubles, quand ne peuvent

être ôtez sans dépecer ou desassembler, autrement sont reputez meubles.

N. 77.   A R T I C L E XCI.

Poisson, quand est meuble, ou immeuble.

Poisson étant en étang ou en fosse, est reputé immeuble : mais quand il est en boutique ou reservoir, est reputé meuble.

N. 78.   A R T I C L E XCII.

Bois, bled, foin & grains, quand sont
meubles, ou immeubles.

Bois coupé, bled, foin, ou grain soyé ou fauché, supposé qu'il soit encore sur le champ, & non transporté, est reputé meuble : Mais quand il est sur le pied & pendant par racine, est reputé immeuble.

N. 79.   A R T I C L E XCIII.

Somme de deniers reputée immeuble par
destination.

Somme de deniers donnée par pere,

mere, ayeul ou ayeule, ou autres ascendans, à leurs enfans en contemplation
de mariage, pour estre employée en
achat d'heritages, encore qu'elle n'ait
été employée, est reputée immeuble à
cause de la destination.

N. 80.   Article XCIV.

*Rentes constituées, quand sont meubles, ou
immeubles.*

Rentes constituées à prix d'argent,
sont reputées immeubles jusques à ce
qu'elles soient rachetées : toutefois au
cas que celles qui appartiennent à mineurs, soient rachetées pendant leur minorité, les deniers du rachat ou le remploy d'iceux, en autres rentes, ou heritages, sont censez de même nature &
qualité d'immeubles, qu'estoient les
rentes ainsi rachetées, pour retourner
aux parens du côté & ligne dont lesdites
rentes étoient procedées.

N. 81.   ARTICLE XCV.

Office, quand est reputé meuble, ou immeuble.

Office venal est reputé immeuble, & a suite par hypotheque quand il est saisi sur le debiteur par autorité de Justice, paravant resignation admise & provision faite au profit d'un tiers : Et peut estre crié & adjugé par decret : Et toutefois les deniers provenans de l'adjudication, sont sujets à contribution, comme meubles, entre les creanciers opposans qui viennent pour ce regard à déconfiture au sol la livre.

Remarques.

Touchant la distinction & la difference des meubles, & immeubles, & les questions qui en dépendent, *vide* les Commentaires de M. Brodeau, de Ferriere, du Plessis, & le Maître.

M. du Plessis dit, que meubles sont toutes choses corporelles, *quæ loco moveri possunt,* qui ne sont attachez à aucun fond, comme les meubles meublans, les hardes, l'or & l'argent monnoyé, & non monnoyé, les livres, les tableaux, les outils, les bestiaux, & autres pareilles choses.

On ne considere point le prix ni la valeur des choses par la qualité des meubles, meubles precieux de quelque nature qu'ils soient sont meubles.

De même les immeubles de peu de valeur sont immeubles.

Les immeubles sont les choses qui ne peuvent estre transportés sans quelque dommage, ou qui tiennent à fer & à cloud.

On distingue les immeubles, en ceux qu'on appelle veritables immeubles, & ceux qui ne sont immeubles que par fiction.

Les veritables immeubles sont, une maison, un heritage, & autres biens de cette nature.

Les immeubles par fiction sont, les rentes, les offices, les deniers stipulez propres, les actions & autres droits.

Les servitudes sont immeubles, le Contrats de constitution de même.

Vide le traité des droits incorporels de M. du Plessis, où il traite, de la distinction des rentes, des offices, des deniers stipulez propres des obligations, actions & leur difference.

Touchant la vente des offices & la distribution du prix d'iceux, *vide* l'Edit du mois de Février 1683.

Conference.

Orleans, Chapitre 15. & 16. Tit. 17.

Les autres Coûtumes, *vide* Fortin, Ricard, de Ferriere.

❊❊❊❊❊❊❊❊❊❊❊❊❊❊❊❊❊❊❊❊❊❊

TITRE IV.

De la complainte en cas de saisine, & nouvelleté, & de la simple saisine.

N. 82. ARTICLE XCVI.

Complainte doit estre formée dans l'an du trouble.

Quand le possesseur d'aucun heritage, ou droit réel reputé immeuble, est troublé & empêché, en sa possession & jouïssance, il peut & luy loist soi complaindre & intenter poursuite en cas de saisine & de nouvelleté dans l'an & jour du trouble à luy fait & donné audit heritage ou droit réel, contre celuy qui l'a troublé.

N. 83. ARTICLE XCVII.

Complainte n'a lieu pour chose mobiliaire si ce n'est pour université de meubles.

Aucun n'est recevable de soi com-

plaindre & intenter le cas de nouvelleté
pour une chose mobiliaire particuliere :
Mais bien pour université de meubles,
comme en succession mobiliaire.

N. 84. Article XCVIII.

*Quand on peut former complainte pour la
prestation d'une rente, & de la
simple saisine.*

Quand aucun a joüy & possedé aucune rente, & icelle prise & perceüe
sur aucun heritage, paravant & depuis
dix ans, & par plus grande partie d'i-
celui tems, s'il est troublé & empêché
en la possession & joüissance d'icelle, il
peut intenter & poursuivre le cas de
simple saisine personnelle contre celui
ou ceux qui ainsi l'ont troublé, & re-
querir estre remis en la possession en laquelle il estoit paravant ladite cessation.

Remarques.

M. du Plessis dit, qu'il y a de grandes absur-
ditez dans l'Article 98.

Il dit, que cet article ne peut avoir lieu pour
les rentes constituées, parceque les rentes con-

stituées consistent en une obligation personnelle, où il faut avoir un Titre.

A l'égard des rentes foncieres, il dit qu'il y
trouve encore grande difficulté, parce que c'est
toûjours une dette où il faut un titre pour la
faire subsister. Son sentiment est, que cet article n'est plus à present en usage.

M. le Maistre est d'avis que l'article 98. a
lieu en faveur de celuy qui est troublé en la
possession d'une rente dont il jouissoit depuis
plus de dix ans, pour estre maintenu par provision avant d'entrer dans l'examen du petitoire.

M. de Lauriere a fort bien remarqué qu'anciennement tous les Contrats n'étoient pas re-
digez par écrit; c'est pourquoy celui qui
avoit possedé & joui d'une rente depuis dix
ans ou partie de ce tems, pouvoit intenter le
cas de simple saisine mais à present que tous
les Contrats excedans 100. livres doivent être
par écrit, conformement à l'Ordonnance de
Moulins, on peut dire que la simple saisine
n'est plus à present pratiquée.

La simple saisine pouvoit s'intenter aprés l'an
du trouble & jusques à dix ans, à la difference
de là complainte où il faut se pourvoir dans
l'an du trouble.

Vide M. du Plessis, & M. de Lauriere sur cet
article.

Conference.

Orleans, Titre 22.

Les autres Coûtumes, *vide* Fortin, Ricard,
de Ferriere.

TITRE V.

Des actions personnelles & d'hypotheques.

CHAPITRE I.

Deguerpissement concernant les tiers de-tempteurs, & de la contestation en cause.

N. 85.   ARTICLE XCIX.

Du deguerpissement pour rentes foncieres, & autres charges réelles & annuelles.

LEs detempteurs & proprietaires d'he-ritages chargez & redevables de cens, rentes, ou autres charges réelles & annuelles, sont tenus personnelle-ment de payer & acquiter icelles char-ges à celuy ou à ceux à qui deuës sont, & les arrerages écheus de leur tems, tant & si longuement que desdites heri-tages, ou de partie & portion d'i-

ceux, ils feront detempteurs & proprietaires.

N. 86.   A R T I C L E C.

Explication de l'article precedent.

Et s'entendent chargez & redevables,
quand lefdits heritages font fpeciale-
ment obligez, ou qu'il y a generale obligation fans fpecialité , ou qu'il y a
claufe que la fpeciale ne déroge à la generale , ni la generale à la fpeciale. Ef-
quels cas le detempteur eft tenu perfon-
nellement defdits arrerages.

N. 87.   A R T I C L E CI.

Deguerpiffement pour rente fonciere ;
tiers detempteur ne peut oppofer
la difcuffion.

Les detempteurs & proprietaires d'aucuns heritages obligez ou hypothequez
à aucunes rentes ou autres charges réelles ou annuelles , font tenus hypote-
quairement icelles payer avec les arrerages qui en font deûs , à tout le moins

sont tenus iceux heritages délaisser pour être saisis & adjugez par decret au plus offrant & dernier encherisseur, à faute de payement des arrerages qui en sont deûs, sans qu'il soit besoin de discussion : & si la rente est fonciere, doit estre l'heritage adjugé à la charge de la rente.

N. 88.   ARTICLE CII.

Tiers detempteur deguerpissant avant contestation en cause, n'est tenu des arrerages écheus de son tems.

Quand un tiers detempteur d'heritage est poursuivy pour raison d'une rente dont est chargé ledit heritage qui luy a été vendu sans la charge de ladite rente, & dont il n'avoit eû connoissance paravant ladite poursuite, aprés qu'il a sommé son garand, ou celuy qui luy a vendu & promis garantir ledit heritage, lequel luy défaut de garantie, ledit tiers detempteur ainsi poursuivi paravant contestation en cause, peut renoncer audit heritage, & en ce faisant il n'est tenu de ladite rente & arrerages d'icel-

le , supposé même que les arrerages sus-
sent & soient écheûs de son tems & auparavant ladite renonciation.

N. 89.　ARTICLE CIII.

Tiers detempteur déguerpissant aprés con-
testation , est tenu des arrerages des
rentes constituées écheües de son tems ,
si mieux n'aime rendre les fruits.

Et aprés contestation, tel detempteur
peut renoncer à l'heritage , en payant
les arrerages de son tems , jusques à la
concurrence des fruits par luy perceûs ,
si mieux il n'aime rendre lesdits fruits.

N. 90.　ARTICLE CIV.

Explication quand il y a contestation en
cause.

Contestation en cause est quand il y
a reglement sur les demandes & défenses des parties , ou bien quand le defen-
deur est défaillant , & debouté de défenses.

Remarques.

Pour l'intelligence de ces articles, il faut faire les observations suivantes.

1°. L'article 99. ne charge le tiers detempteur de payer les arrerages échûs de son tems, que tant qu'il est proprietaire & detempteur des heritages sujets à la rente, c'est à dire, s'il en veut conserver la proprieté, & ne veut pas deguerpir.

Cela si vray que l'article 101. ouvre une voye au tiers detempteur qui veut s'exempter du payement des arrerages échûs de son tems, qui est le deguerpissement. L'article 102. ajoûte que deguerpissant avant contestation en cause, il n'est tenu des arrerages échûs de son tems; & l'article 103. porte, qu'aprés contestation il est tenu desdits arrerages jusqu'à concurrence des fruits qu'il a perceus ; ainsi tiers detempteur qui ne veut pas deguerpir est obligé de paier les arrerages échûs de son tems, deguerpissant avant contestation, il n'est tenu desdits arrerages, & deguerpissant aprés contestation, il en est tenu jusqu'à concurrence des fruits par lui perçûs.

2°. Ces articles ont lieu, tant pour les rentes foncieres que pour les rentes constituées ; c'est le sentiment de M. du Plessis sur l'article 99. C'est aussi celuy de Mrs. Berroyer & de Lauriere sur le même Commentaire, *vide* les Remarques de M. de Lauriere sur ces Articles.

3º. M. Bouguier Lettre D. Chapitre 4.
raporte un Arrêt du 25. Janvier 1621. qui a
jugé, que dans les autres Coûtumes qui n'ont
une disposition pareille à celle de Paris, tiers
detempteur deguerpissant aprés contestation en
cause, même aprés un Arrest, n'est tenu de raporter les fruits que depuis la contestation en
cause seulement ; n'est tenu de raporter les
fruits precedens, & n'est tenu des arrerages
d'une rente constituée échûs auparavant la
contestation, Et il dit que la Coûtume de Paris
étant contraire au droit civil & à l'équité, elle
ne peut estre étenduë aux autres Coûtumes.

4º. Henry, Tome 2. Livre 3. Question 7.
tient, que pour arrerages de cens, tiers detempteur, soit qu'il deguerpisse avant ou aprés
contestation, est tenu des arrerages du cens ;
c'est aussi l'avis de M. du Plessis sur l'art. 99.

Pour le surplus, *vide* les Commentateurs
& le Chap. 2. des prescriptions.

Conference.

Orleans, Tit. 20. Chap. 7.

Les autres Coûtumes, *vide* Fortin, Ricard,
de Ferriere.

CHAPITRE II.

Deguerpissement concernant le preneur à rente.

N. 91.   ARTICLE CIX.

Preneur à rente, quand est recevable à deguerpir.

SI aucun a pris un heritage à cens ou rente à certain prix par chacun an, il y peut renoncer en jugement, partie presente ou appellée, en payant tous les arrerages du passé & le terme ensuivant: Jaçoit que par Lettres il eût promis payer ladite rente, & obligé tous ses biens : Et s'entend telle promesse tant qu'il est proprietaire : sinon que par les Lettres d'accensement, il eust promis mettre aucun amandement, ce qu'il n'eût fait : ou qu'il eût promis fournir & faire valoir ladite rente, & à ce obligé tous ses biens, en laissant toutefois l'heritage en aussi bon état & valeur qu'il estoit au tems de la prise.

H

N. 92. 　　A R T I C L E CX.

*Celuy qui a acquis du preneur à rente,
quand est recevable à deguerpir.*

Celuy qui n'est preneur, mais est acquereur du preneur, à la charge de la
rente seulement, sans faire mention
d'autres charges, comme de mettre a-
mandement, fournir & faire valoir &
laisser l'heritage en bon état, il peut renoncer, pourveu qu'il n'ait promis ex-
pressément acquiter & garantir son vendeur & bailleur.

Vide les Commentateurs sur ces articles,
& le traité du deguerpissement de Loiseau.

Conference.

Orleans Titre 20. Chapitre 7.

Les autres Coûtumes, *vide* Fortin, Ricard,
de Ferriere.

Remarques sur le Titre cinq.

Les articles concernans la compensation,
reconvention, promesses, transport, repit, &
le privilege des bourgeois de Paris ont esté mis
sous le Titre 8. des Arrêts executions & ga-
geries comme ayans plus de raport à ce Titre.

TITRE VI.
Des Prescriptions.

CHAPITRE I.

Prescription pour chose mobiliaire.

N. 93. ARTICLE CXXVI.

Prescription de six mois contre les gens de métier, & marchands en détail.

Marchands, gens de métier, & autres vendeurs de marchandise & denrée en détail, comme boulangers, paticiers, coûturiers, selliers, bouchers, bourreliers, passementiers, mareschaux, rôtisseurs, cuisiniers, & autres semblables, ne peuvent faire action après les six mois passez du jour de la premiere délivrance de leurdite marchandise ou denrée, sinon qu'il y eût arrêt de compte, sommation ou interpellation judiciairement faite, cedule ou obligation.

N. 94. ARTICLE CXXVII.

*Prescription d'un an, contre marchands
en gros, & mercenaires.*

Drapiers, merciers, espiciers, or-
févres, & autres marchands grossiers,
maçons, charpentiers, couvreurs, bar-
biers, serviteurs, laboureurs, & autres
mercenaires, ne peuvent faire action ne
demande de leurs marchandises, salaires
& services aprés un an passé, à compter du jour de la délivrance de leur marchandise ou vacation, s'il n'y a cedule,
obligation, arrêt de compte par écrit
ou interpellation judiciaire.

N. 95. ARTICLE CXXV.

*Prescription d'un an, contre les Medecins,
Chirurgiens & Apotiquaires.*

Les Medecins, Chirurgiens & Apotiquaires doivent intenter leurs actions
dans un an, & aprés ledit an ne sont
recevables.

N. 96. ARTICLE CXXVIII.

Cabaretiers & Taverniers n'ont aucune action pour choses par eux venduës en détail en leurs maisons.

N'ont les Taverniers & Cabaretiers aucune action pour vin ou autres choses par eux venduës en détail par assiette en leurs maisons.

Remarques.

L'article 175. porte, que les Hosteliers ont privilege sur les biens & chevaux des personnes qu'ils logent.

Ainsi l'article 128. ne doit être entendu que des choses fournies aux domiciliez dans le cabaret, qui donnent occasion à leur débauche.

Vide les Chapitres suivans & les Remarques.

CHAPITRE II.

*De la prescription de dix ans & vingt ans
en faveur des tiers detempteurs.*

N. 97.   ARTICLE CXIII.

*Prescription d'heritages, ou rentes par dix
ans, entre presens & vingt ans, entre
absens avec titre & bonne foy.*

SI aucun a jouy & possedé heritage
ou rente à juste titre & de bonne foy,
tant par lui que ses predecesseurs,
dont il a le droit & cause franchement
& sans inquietation par dix ans, entre
presens, & vingt ans entre absens âgez
& non privilegiez, il acquiert préscription dudit heritage ou rente.

N. 98.   ARTICLE CXVI.

*Ceux qui sont demeurans dans l'étenduë
de la Coûtume de Paris, sont
reputez presens.*

Sont reputez presens ceux qui sont demeurans en la ville, Prevosté, & Vicomté de Paris.

N. 99. ARTICLE CXIV.

Prescription d'hypotheques & rentes par dix ans entre presens, & vingt ans entre absens, avec titre & bonne foy.

Quand aucun a possedé & joüy par luy & ses predecesseurs, desquels il a le droit & cause, d'heritage, ou rente à juste titre & de bonne foy par dix ans entre presens, & vingt ans entre absens âgez & non privilegiez, franchement & paisiblement sans inquietation d'aucune rente ou hypotheque : tel possesseur dudit heritage ou rente a acquis prescription contre toutes rentes ou hypotheques pretendües sur ledit heritage ou rente.

Remarques.

* L'article 113. concerne la prescription des fonds, & l'article 114. concerne la prescription des charges & hypotheques imposées sur les fonds.

N. 100.   ARTCLE CXV.

La preſcription a lieu en faveur du tiers detempteur, quoique le debiteur ait toûjours payé la rente, à moins que le creancier n'ait eû juſte cauſe d'ignorer l'alienation, auquel cas la preſcription n'a lieu.

Et a lieu ladite preſcription, ſuppoſé que ladite rente ſoit payée par celuy qui l'a conſtituée, ou autre au deçû du tiers detempteur : toutefois ſi le creancier de la rente a eu juſte cauſe d'ignorer l'alienation, parce que le debiteur de ladite rente ſeroit toûjours demeuré en poſſeſſion de l'heritage par le moyen de location, retention d'uſufruit, conſtitution de preçaire, ou autres ſemblables, pendant ledit tems, la preſcription n'a cours.

Vide les Remarques cy-apres.

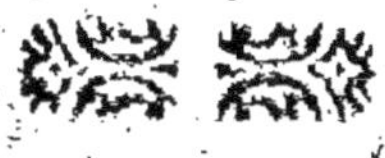

CHAP-

CHAPITRE III.

De la prescription de trente ans fans titre en chofe immobiliaire.

N. 101. ARTICLE CXVIII.

SI aucun a joüy, ufé, & poffedé d'un heritage, ou rente, ou autre chofe prefcriptible par l'efpace de trente ans continuellement, tant par luy que par fes predeceffeurs franchement, publiquement, & fans aucune inquietation : fuppofé qu'il ne faffe apparoil de titre, il a acquis prefcription, entre âgez & non privilegiez.

Remarques.

Par la prefcription de trente ans on preferit toutes fortes d'heritages, & rentes, & autres chofes, & droits prefcriptibles, & il n'eft pas neceffaire de rapporter de Titre.

Vide les Remarques cy-après.

I

CHAPITRE IV.

Preſcription concernant le rachat des rentes.

N. 102. ARTICLE CXIX.

Rentes conſtituées ſont rachetables à toûjours.

FAculté de racheter rentes conſti-tuées à prix d'argent, ne ſe peut preſcrire par quelque laps de tems que ce ſoit : ainſ ſont telles rentes rachetables à toûjours, encore qu'il y ait cent ans.

N. 103. ARTICLE CXX.

Faculté de racheter heritage, ou rente de bail d'heritage, ſe preſcrit par trente ans, entre âgez & non privilegiez.

La faculté donnée par contrat de racheter heritage, ou rente de bail d'heritage à toûjours, ſe preſcrit par trente ans entre âgez & non privilegiez.

N. 104. ARTICLE CXXI.

Exception de l'article precedent, les rentes de bail d'heritages assignées sur maisons à Paris, sont toûjours rachetables.

Ce que dessus n'a lieu és rentes de bail d'heritages sur maisons assises en la ville & faux-bourgs de Paris, lesquelles rentes sont à toûjours rachetables, si elles ne sont les premieres aprés le cens & fonds de terre.

N. 105. ARTICLE CXXII.

Rentes & legs assignés sur maisons à Paris sont rachetables à toûjours, en faisant faire le remploy en autres heritages, ou rentes.

Legs pitoyables de rentes en deniers, grains, ou autres especes sur une maison de la ville de Paris, & faux-bourgs d'icelle, sont rachetables au denier vingt, sans que ledit rachapt se puisse prescrire, ores qu'il fust dit par le Testateur, non rachetables; En faisant toutefois faire le

I ij

remploy en autres heritages, ou autres rentes.

Touchant la distinction des rentes, *vide* le Chap. 5. Titre 1.

CHAPITRE V.

Prescription concernant les droits feodaux & censuels.

N. 106.   A R T I C L E XII.

Le Seigneur & le vassal ne peuvent prescrire l'un contre l'autre le fief, ni la foy : mais les profits de fiefs se prescrivent par trente ans.

LE Seigneur feodal ne peut prescrire contre son vassal le fief sur luy saisi ou mis en sa main par faute d'homme, droits & devoirs, non faits ou denombrement non baillé, ni le vassal la foy qu'il doit à son Seigneur, pour quelque tems qu'il en ait joüy, encore que ce fût par cent ans & plus. Toutefois les profits des fiefs échûs, se prescrivent par trente ans, s'il n'y a saisie ou instance pour raison d'iceux.

N. 107. Article CXXIII.

Le cens se prescrit par Seigneur contre Seigneur par trente ans, & contre l'Eglise par quarante ans.

Cens portant directe Seigneurie est prescriptible par Seigneur contre Seigneur, & se peut prescrire par trente ans, contre âgez & non privilegiez, & par quarante ans contre l'Eglise s'il n'y a titre ou reconnoissance dudit cens, ou que le detempteur ait acquis l'heritage à la charge dudit cens.

N. 108. Article CXXIV.

Censitaire ne peut prescrire le cens contre son Seigneur : mais la quotité du cens & les arrerages se prescrivent par trente ans.

Le droit de cens ne se prescrit par le detempteur de l'heritage contre le Seigneur censier, encore qu'il y ait cent ans, quand il y a titre ancien ou reconnoissance faite dudit cens. Mais se peut

la quotité du cens & arrerages preferite
par trente ans entre majeurs âgez & non
privilegiez.

Nota. Les articles 355. & 357. 358. portent,
que les Seigneurs doivent s'oppofer pour leurs
droits de quint, relief, ventes & autres droits
cafuels : mais ne font tenus de s'oppofer pour
les redevances du chef cens.

Remarques fur les prescriptions.

Les prescriptions font differentes fuivant la
difpofition des Coûtumes.

La Coûtume d'Orleans Article 260 porte :
prescription moindre de trente ans n'a lieu
en heritages & chofes immobiliaires. En forte
que dans cette Coûtume le tiers detempteur ne
preferit que par trente ans, à la difference de
Paris où le tiers detempteur preferit par dix
ans entre prefens, & vingt ans entre abfens
avec titre & bonne foy.

La Coûtume d'Anjou, Art. 422. 423. 424.
admet la prescription de cinq ans en faveur des
tiers detempteurs en chofe immobiliaire, &
porte que les immeubles fe preferivent par
cinq ans, avec titre, poffeffion & bonne foy
entre étrangers.

Il y a differentes fortes de prescriptions.

1. L'article 136. de la Coûtume de Paris
porte, que le retrayant ne rembourfant dans les
vingt-quatre heures que le retrait eft adjugé,
il eft décheu du retrait.

20. L'article 166. de la Coûtume d'Orleans porte, que celui qui recelle une épave ou bête égarée plus de trois jours sans le déclarer à Justice ou la faire crier, est amandable d'un écu sol envers Justice, & tenu des dommages & interêts du Seigneur d'icelle.

3 L'article 3. du Tit. 35. de l'Ordonnance de 1667. accorde un délai de huitaine pour se pourvoir contre les Arrêts & Jugemens en dernier ressort rendu faute de plaider, ou se presenter.

4. Les choses saisies & executées ne peuvent être venduës qu'il n'y ait au moins huit jours francs entre l'execution & la vente, art. 12. tit. 33. de l'Ordonnance de 1667. A l'égard des bagues, joyaux & vaisselle d'argent de la valeur de 300. liv. & au dessus, ne peuvent être vendus qu'aprés trois expositions ; à trois jours de marché different, article 13. du même titre.

5. Aprés neuf jours les marchands de chevaux ne sont tenus reprendre les chevaux qu'ils ont vendus qui ont pousse, morve ou courbatuë, ou autre deffaut.

6. Lettres de changes doivent être protestées dans les dix jours, art. 4. de l'Ordonnance du Commerce, tit. des lettres de change.

7. L'article 151. de la Coûtume d'Orleans porte, que nul n'est reçeu à intenter action pour dommage fait par bêtes, vingt jours aprés le dommage fait.

8. Seigneur doit exercer le retrait feodal dans quarante jours aprés qu'on lui a exhibé le Contrat, art. 20. de la Coûtume de Paris.

I iiij

Seigneur ne peut saisir feodalement que quarante jours après le decez de son vassal, art. 7.

Epave ne peut être adjugé au Seigneur Justicier qu'après quarante jours, art. 164. de la
Coûtume d'Orleans.

Oeuvres manuelles ne se peuvent demander
après quarante jours, art. 264. de la même
Coûtume.

La veuve & heritiers d'un défunt ont quarante jours pour déliberer & prendre qualité,
art. 1. tit. 7. de l'Ordonnance de 1667.

9. Les Sequestres, Gardiens & Commissaires sont déchargez de leur commission deux
mois après les oppositions jugées, art. 16. de
l'Ordonnance de 1667. titre des Sequestres.
L'article 17. porte, que si les contestations ne
sont jugées, Sequestre demeure déchargé de
plain droit après trois ans, à moinsqu'il ne
soit continué, & l'article 18., dit, que les
Gardiens & Commissaires sont déchargez
après un an.

10. L'article 1. & 5. du tit. 7. de l'Ordonnance
de 1667. porte, que la veuve, & heritiers d'un
deffunt ont trois mois pour faire inventaire, &
quarante jours pour déliberer.

11. Contrainte par corps a lieu après les quatre
mois pour dépens audessus de 200. l. restitution de fruits, dommages & interêts, reliqua de
compte de tutelle, art. 2. & 3. tit. 34. de l'Ordonnance de 1667.

Donations doivent être insinuées dans les
quatre mois, art. 57. & 58. de l'Ordonnance
de Moulins. Par la nouvelle déclaration du Roi
du 17. Novembre 1690. peuvent être insi-

nuées aprés les quatre mois, pourveû que ce soit du vivant du donateur, & n'ont effet contre les creanciers que du jour de l'insinuation.

12. Requêtes civiles doivent être obtenuës & signifiées dans les six mois, du jour de la signification des Arrêts en dernier ressort à l'égard de ceux qui sont majeurs, à l'égard des mineurs, du jour de la signification à eux faite depuis leur majorité, art. 5. de l'Ordonnance de 1667. tit. 35. des Requêtes civiles.

13. Marchands vendans en détail doivent faire demande de ce qui leur est deû dans six mois, à compter du jour de la délivrance de leurs marchandises.

Les Marchands vendans en gros dans l'an, autrement ne peuvent demander que l'affirmation de leurs debiteurs ou de leurs heritiers.

Les Medecins, Apotiquaires, & Chirurgiens doivent pareillement intenter leur action dans l'an, *vide* art. 7. 8. 9. & 10. de l'Ordonnance du Commerce, tit. 1. & art. 125. 126. & 127. de la Coûtume de Paris.

14. Serviteurs & domestiques doivent faire demande de leurs gages dans l'an qu'ils sont sortis de chez leur maître.

Nourrices & ceux qui tiennent pensionnaires doivent pareillement faire demande de ce qui leur est deû dans l'an aprés la sortie des enfans & pensionnaires de chez-eux, art. 265. de la Coûtume d'Orleans, *vide* Brodeau sur l'art. 127. de la Coûtume de Paris.

15. L'action d'injure se prescrit faute d'en demander la reparation dans l'an.

16. Parent lignager doit intenter son action en retrait dans l'an & jour ; art. 129. de la Coûtume de Paris.

17. Complainte doit être formée dans l'an du trouble, article 1. titre 18. de l'Ordonnance de 1667.

18. Executeurs testamentaires sont saisis pendant l'an & jour des biens meubles du Testateur pour l'execution du testament, art. 297. de la Coûtume de Paris. L'article 290. de la Coûtume d'Orleans porte, que les executeurs testamentaires peuvent même intenter complainte.

19. Profession de Religieux ou Religieuse ne se peut faire avant l'an de Probation & Noviciat, & aprés l'habit pris, art. 28. de l'Ordonnance de Blois.

20. Procureurs ne peuvent demander leurs salaires & vacations deux ans aprés qu'ils ont estez revoquez, ou les parties decedées, encore qu'ils ayent continué d'occuper : mais lors qu'ils n'ont esté revoquez & que les parties ne sont decedez, & qu'ils ont continué d'occuper, peuvent demander leurs salaires de six années, Reglement de la Cour du 28 Mars 1692.

21. Le même Reglement porte, que les instances & procez demeurent peris faute de poursuites pendant trois ans.
Vide le Reglement.
Meubles se prescrivent par trois ans, excepté lorsqu'ils ont esté volez, ou que la Coûtume dispose au contraire.

22. On ne peut demander que cinq années

des arrerages d'une rente constituée.

Les années precedentes étans prescrites , à moins qu'on ne rapporte une demande en Justice , ou un commandement , Ordonnance de Charles V I I. Louis X I I. & François I.

On doit reclamer contre ses vœux dans les cinq ans, autrement non recevable, Louet let. C. Sommaire 8.

Ceux qui sont condamnez par défaut & coûtumace doivent se representer dans les cinq ans, autrement les condamnations sont reputées contradictoires , art. 28. 29. & 30. de l'Ordonnance criminelle des défauts & coûtumaces.

Les Avocats & Procureurs, & leurs veuves ne peuvent être recherchez pour la restitution des procez jugez aprés cinq ans , & pour ceux non jugez aprés dix ans, Louet let. S. Sommaire 21.

23. Les immeubles se prescrivent par cinq ans , dix ans , vingt ans & trente ans , suivant la disposition des Coûtumes.

24. On doit se pourvoir par appel dans les dix ans contre un decret pour défaut de formalitez , & dans trente ans lorsque le decret a été fait, *super non Domino.*

25. Toute restitution de Contrat se doit poursuivre dans les dix ans , à compter du jour du Contrat à l'égard des majeurs , & à l'égard des mineurs à compter du jour de leur majorité.

26. Tous crimes indistinctement se prescrivent par vingt ans contre toutes sortes de personnes majeurs ou mineurs , excepté les crimes de leze Majesté, & duel, & quand il y a con-

damnation faut trente ans.

27. Toutes actions personnelles ou réelles, mobiliaires, ou immobiliaires, se préscrivent par trente & quarante ans, & même un moindre tems, suivant la disposition des Coûtumes.

28. Biens d'Eglise se préscrivent par quarante ans à l'égard des tiers acquereurs de bonne foy.

29. Les biens de l'Eglise Romaine ne se préscrivent que par 100. ans. L'ordre de Malthe & les Religieux S. Denis prétendent joüir du même privilege. Cependant les derniers Arrêts ont jugé qu'on pouvoit préscrire contre eux par quarante ans.

Il y a des choses imprescriptibles, les choses saintes, sacrées & Religieuses, les biens du domaine, les choses volées, &c.

Vide les Commentateurs.

Les préscriptions ne sont point odieuses ni pour favoriser la mauvaise foy & autoriser les fraudes; mais pour punir la negligence de ceux qui n'ont pas soin de conserver ce qui leur appartient, maintenir les acquereurs de bonne foy en leurs acquisitions, assurer le repos des familles, & mettre fin à une infinité de procez.

Conference.

Orleans, Tit. 14. Chap. 1. 2. 3. & 4.

Les autres Coûtumes, *vide* Fortin, Ricard, de Ferriere.

TITRE VII.
Du Retrait Lignager.

CHAPITRE I.

Du retrait feodal, & retrait lignager ; de ceux qui peuvent retraire, & de la preference entre lignagers.

N. 109.   ARTICLE XX.

Seigneur quand a droit de retraire feodalement.

LE Seigneur feodal peut prendre, retenir, & avoir par puissance de fief, le fief tenu & mouvant de lui, qui est vendu par son vassal, en payant le prix que l'acquereur en a baillé, & payé. Et les loyaux coûtemens, dans quarante jours aprés qu'on lui a notifié ladite vente, & exhibé les Contrats, si aucuns en y a par écrit, & d'iceux baillé copie.

N. 110.   A R T I C L E   X X I.

Seigneur, quand ne peut retraire feoda-
lement.

Si ledit Seigneur feodal a reçû le quint
denier à lui deû, à cause de la vendition du fief mouvant de lui, chevi ou
baillé fouffrance, ledit Seigneur feodal
ne peut plus retenir ledit fief par puiff-
fance de fief, pour l'unir & mettre en fa
table, à cause d'icelle vendition.

N. 111.   A R T I C L E   C X X X V.

Seigneur qui retrait feodalement eft reputé
infeodé & enfaifiné du jour de fon
acquifition.

Le Seigneur qui acquiert l'heritage
tenu de lui en fief ou cenfive, eft reputé
être infeodé ou enfaifiné du jour de fon
acquifition publiée en jugement au plus
prochain fiege Royal.

N. 112.   Article CLIX.

Retrait lignager est preferé au feodal, &
le lignager a an & jour pour
retraire.

Le fief venant de propre vendu par
le vaſſal, & retenu par puiſſance de
fief par le Seigneur feodal, peut être
retrait par l'un des parens & lignagers du vendeur de l'eſtoc & ligne
dont il eſt procedé, dans l'an & jour
que ledit fief a été retenu par puiſſance de fief ; Et ladite retenuë publiée
en jugement au plus prochain ſiege
Royal.

N. 113.   Article XXII.

Lignager qui retrait ſur le Seigneur feo-
dal, doit payer les droits de quint,
avant d'être reçeu en foi.

Quad le Seigneur feodal a pris & retenu par puiſſance de fief le fief tenu &
mouvant de lui, & ledit fief lui eſt depuis éviné par retrait lignager, le retrayant eſt tenu payer audit Seigneur les

droits de quints avant que ledit Seigneur
soit tenu de le recevoir en foy & hommage dudit fief.

N. 114.   A R T I C L E   CXLI.

*Le parent lignager qui intente le premier
l'action en retrait est preferé à tous les
autres, quoy qu'il ne soit plus prochain.*

Le parent & lignager qui premier fait
ajourner en retrait, doit être preferé à
tous autres, posé qu'ils soient plus pro-
chains parens du vendeur, encore que
le retrayant ne soit descendu de celui duquel vient ledit heritage.

N. 115.   A R T I C L E   CXXXIII.

*Vendeur, quand est reçeu à retraire l'he-
ritage par lui vendu.*

Si aucune personne acquiert un heritage propre de son parent du côté & ligne dont il est parent, & il vend ledit
heritage : tel heritage chet en retrait :
Auquel cas peut aussi retraire le premier
vɩ̃n-

vendeur, comme ne l'ayant au precedent mis hors la ligne.

N. 116.   Article CXLII.

Heritiers du vendeur aprés son trépas peuvent retraire.

Les heritiers du vendeur aprés son trépas, peuvent retraire l'heritage propre par lui vendu, pourveu qu'ils soient du côté & ligne.

N. 117.   Article CLVIII.

Celui qui ne peut succeder ne peut retraire.

Qui n'est habile à succeder comme un bâtard, ne peut venir à retrait lignager.

CHAPITRE II.

Chofes fujettes à retrait.

N. 118.　A R T I C L E CXXIX.

*Propre heritage ou rente fonciere vendus à
perfonne étrange , eft fujet à
retrait.*

Quand aucun a vendu & tranfporté
fon propre heritage, ou rente fonciere, à perfonne étrange de fon lignage
du côté & ligne dont ledit propre heritage ou rente fonciere , lui eft venu &
écheû par fucceffion , il eft loifible au
parent & lignager dudit vendeur du côté & ligne dont eft venu & écheû ledit
heritage ou rente fonciere ,de demander
& avoir par retrait lignager icelui heritage , ou rente dans l'an & jour que
l'acheteur en a été enfaifiné, s'il eft tenu en cenfive , ou qu'il a été reçû en foy
& hommage, s'il eft tenu en fief, en
rembourfant ledit acheteur de fon fort
principal & loyaux coufts.

N. 119.   Article CXXXVII.

Heritage baillé à rente rachetable, est sujet à retrait.

L'heritage baillé à rente rachetable, est sujet à retrait dans l'an & jour de la saisine ou infeodation, en remboursant celui à qui la rente est deuë, ou consignant en son refus dedans les vingt-quatre heures, le sort principal de la rente & arrerages écheu depuis le jour de l'ajournement, aprés que l'acquereur aura mis ses lettres au Greffe, & affirmé le prix, & à faute de ce faire, le retrayant est décheû du retrait.

N. 120.   Article CXLVIII.

Les fonds prix en engagement du Roy sont sujets à retrait.

Loges, boutiques, étaux, places publiques achetées du Roy, & venans à successions, sont sujettes à retrait.

N. 121. ARTICLE. CXLIX.

Baux à longues années font fujets à retrait.

Baux à quatre-vingt dix-neuf ans, ou longues années, font fujets à retrait.

N. 122. ARTICLE CLIV.

Portion d'heritage venduë par licitation eft fujette à retrait.

Portion d'heritage venduë par licitation qui ne fe peut bailler par divis, eft fujette à retrait.

N. 123. ARTICLE CL.

Propre heritage vendu par decret forcé eft fujet à retrait.

Propre heritage vendu par decret en jugement par criées & fubhaftations chet en retrait.

N. 124. Article CLI.

Heritage propre vendu fur un curateur aux biens vacans, ou fur un heritier beneficiaire, eft fujet à retrait.

Un heritage propre adjugé par decret fur un curateur aux biens vacans, ou fur l'heritier par benefice d'inventaire, eft fujet à retrait.

CHAPITRE III.

Chofes qui ne font fujettes à retrait.

N. 125. Article CXLIV.

Chofe mobiliaire n'eft fujette à retrait.

CHofes mobiliaires ne chéent en retrait.

N. 126. Article CXLVII.

Ufufruit n'eft fujet à retrait.

Si aucun vend l'ufufruit de fon propre heritage à perfonne étrange, ledit ufufruit ne chet en retrait.

N. 127.　A R T I C L E　CLII.

Heritage d'acquêt vendu fur un curateur aux biens vacans, n'eſt ſujet à retrait.

Heritage d'acquêt d'un deffunt adjugé ſur le curateur aux biens dudit deffunt, n'eſt ſujet à retrait.

N. 128.　A R T I C L E　CLIII.

Heritage adjugé fur le curateur à la choſe abandonnée n'eſt ſujet à retrait.

L'heritage adjugé fur un curateur à la choſe abandonnée, n'eſt ſujet à retrait.

CHAPITRE IV.

Heritages propres acquis pendant la communauté quand sont sujets à retrait & distinctions à faire.

N. 129. Article CLV.

Retrait quand a lieu & quand n'a lieu pour heritages propres acquis pendant la communauté.

QUand aucun heritage propre est acquis durant & constant le mariage de deux conjoints, dont l'un d'iceux est parent lignager dudit vendeur, du côté dont ledit heritage appartenoit audit vendeur, tel heritage ainsi vendu ne gist en retrait durant & constant ledit mariage : mais aprés le trépas de l'un desdits conjoints, la moitié dudit heritage gist en retrait à l'encontre de celui qui n'est lignager ou ses hoirs, s'ils ne sont lignagers dudit vendeur, du côté & ligne dont ledit heritage appartenoit à icelui vendeur, dans l'an & jour du

trépas du premier mourant desdits conjoints : supposé qu'il y eût saisine ou infeodation prise durant icelui mariage,
en rendant & payant par le retrayant
la moitié du sort principal, frais & loyaux coûts.

N. *Vide* les Articles suivans.

N. 130.   **A R T I C L E CLVI.**

*Lorsque l'un des conjoints a des enfans en
ligne, retrait n'a lieu.*

Quand celui qui n'est en ligne a des
enfans qui sont en ligne, retrait n'a
lieu.

Nota. Cet Article est une suite du precedent,
& le suivant.

N. 131.   **A R T I C L E CLVII.**

*Heritage propre acquis pendant la com-
munauté mis hors la ligne par partage
est sujet à retrait pour moitié.*

Et si par partage l'heritage sort hors
la ligne, il est sujet à retrait pour moitié : pourveu toutefois que le retrayant
ait intenté son action, & sur icelle pro-
testé

refté dedans l'an du deceds de celui des
deux conjoints qui lui eft parent.

; ; *Vide* le Chapitre fuivant.

CHAPITRE V.

*Retrait quand a lieu pour propres,
donnez en echange.*

N. 132. ARTICLE CXLIII.

*Heritage échangé eft fait propre & eft
fujet à retrait.*

Quand aucun a échangé fon propre
heritage à l'encontre d'un autre
heritage, ledit heritage eft propre de celui qui l'a eû par échange, & s'il le vend,
il chet en retrait.

N. 133. ARTICLE CXLV.

*En échange s'il y a foulte de plus de moi-
tié, retrait a lieu ; fi la foulte eft
moindre de moitié, retrait n'a lieu.*

En échange s'il y a foulte excedante
L

la valeur de la moitié, l'heritage est sujet à retrait pour portion de la soulte:
Mais si la soulte est moindre que ladite
moitié, n'y a lieu au retrait.

Vide le Chapitre cy-dessus.

CHAPITRE VI.

*Année du retrait, quand commence à
courir.*

N. 134.   ARTICLE CXXX.

An du retrait, de quel jour court.

LE tems de retrait lignager ne court,
sinon depuis l'infeodation ou saisine faits ou pris par l'acheteur, & doit
l'ajournement être fait, & l'assignation
échoir dans ledit an & jour de ladite
infeodation ou saisine.

Remarques.

Vide Art. suivant, & les Art. 135. 137. 139.
L'Article 129. porte, que l'an & jour court
à l'égard des rotures, du jour que l'acheteur a
été ensaisiné, & pour les fiefs, du jour que
l'acquereur a été reçû en foy.

N. 135. Article CXXXII.

An du retrait pour les heritages tenus en franc-aleu, court du jour que l'acqui-sition a été publiée en Jugement.

L'an du retrait du propre heritage tenu en franc-aleu, ne court que du jour que l'acquisition a été publiée & insinuée en jugement au plus prochain siege Royal.

Vide l'Art. précedent & les Remarques.

N. 613. Article CXXXI.

An du retrait court contre le majeur & mineur.

L'an du retrait court tant contre le majeur que mineur, sans esperance de restitution.

CHAPITRE VII.

Offres & remboursement à quoy le retra-
yant est tenu, & de la restitution
des fruits.

N. 137.   A R T I C L E   C X L.
Offres que le retrayant est tenu faire.

QUand le lignager d'un vendeur
d'heritage a fait ajourner l'acheteur d'icelui heritage, pour l'avoir par
retrait, il convient que tel qui veut avoir
ledit heritage par retrait, offre bourse,
deniers, loyaux cousts, & à parfaire,
tant par l'ajournement, qu'à chacune
journée de la cause principale jusques à
contestation en cause inclusivement, &
d'appel jusqu'à conclusion sur l'apel
aussi inclusivement. Et s'il ne le fait,
il doit être débouté dudit retrait.

N. 138.   A R T I C L E   CXXXVI.
Retrayant ne remboursant dans les vingt-
quatre heures que le retrait est ad-
jugé, est déchû du retrait.

Le retrayant auquel l'heritage est ad-

jugé par retrait, est tenu de payer &
rembourser l'acheteur des deniers qu'il
a payez au vendeur, pour l'achat dudit
heritage, ou consigner les deniers au refus dudit acheteur, icelui duëment appellé à voir faire ladite consignation, &
ce dans vingt-quatre heures aprés ledit retrait adjugé par Sentence, & que
l'acheteur aura mis ses lettres au Greffe,
partie presente ou appellée, & outre
qu'il aura affirmé le prix s'il en est requis : Et s'il ne le fait, le tems passé, tel
retrayant est déchû dudit retrait.

Vide Article 137.

N. 139.   Article CXXXVIII.

Acheteur peut mettre en loyaux coufts les
arrerages échûs avant l'ajournement,
en rendant les fruits qu'il a perçûs.

Et quant aux arrerages échûs dans
l'an précedent l'ajournement, l'acheteur les peut mettre en loyaux coufts, en
rendant par lui les fruits qu'il auroit perçûs dedans ledit an.

Nota. Cet article est une suite de l'article 137

qui porte, à l'égard dés arrerages échûs depuis
l'ajournement, retraïant est tenu les rembourser
avec le principal, à peine d'être déchû du retrait.

N. 140.　A R T I C L E　CXXXIV.

*En retrait lignager les fruits sont dûs du
jour de l'ajournement & offres.*

En matiere de retrait lignager sont
dûs les fruits du jour de l'ajournement
& offres de bourse, deniers loyaux coûts,
& à parfaire.

C H A P I T R E　VIII.

*L'acheteur ne peut augmenter ni deteriorer
l'heritage pendant l'année du retrait.*

N. 141.　A R T I C L E　CXLVI.

Durant l'an & jour du retrait, l'a-
cheteur ne peut faire aucuns bâtimens
ni reparations s'ils ne sont necessaires,
pareillement ne peut empirer l'heritage.
Et s'il le fait, est tenu de le rétablir.

CHAPITRE IX.

Heritage retrait est propre, & y succede l'héritier des propres, en remboursant l'heritier des acquets.

N. 142. ARTICLE CXXXIX.

L'heritage retiré par retrait lignager, est réellement affecté à la famille, que si le retrayant meurt delaissant un heritier des acquêts & un heritier des propres, tel heritage doit appartenir à l'heritier des propres de la ligne dont est venu & issu ledit heritage, & non à l'heritier des acquêts, en rendant toutefois dans l'an & jour du deceds aux heritiers desdits acquêts, le prix dudit heritage.

Remarques sur le retrait.

Il y a trois sortes de retraits.
1. Retrait conventionel, ou vente à faculté de remeré.
2. Retrait lignager.
3. Retrait feodal.

Retrait conventionel est preferé au retrait lignager, le retrait lignager, au feodal.

L iiij

Retrait lignager tres-ancien a été introduit pour la conservation des biens des familles.

Il y a quelques Provinces où le retrait lignager n'a lieu.

La Coûtume de Berry, art. 30. du retrait lignager porte, qu'en la Ville, Châtel & Châtellenie d'Iſſoudun, retrait n'a lieu.

Dans le Païs de Droit écrit le retrait lignager n'eſt pas obſervé : Cependant il y a pluſieurs Provinces où il eſt en uſage.

Or ces Coûtumes & toutes les autres admettent le retrait lignager.

Le retrait lignager n'eſt point odieux, mais favorable. Ceux qui veulent uſer du retrait ſont cependant aſſujetis à des formalitez ſcrupuleuſes dont ils ne peuvent ſe départir & une ſeule obmiſe fait déchoir du retrait.

Le retrait eſt de droit étroit, borné & limité, n'admet point d'équipolence ni d'extenſion, eſt ſujet à une ſevere & rigoureuſe interpretation, & obſervation.

Vide les Commentateurs ſur ces articles.

Conference.

Orleans, Titre 18. Chap. 1. 2. 3. 4. & 5.

Les autres Coûtumes, *vide* Fortin, Ricard, de Ferriere.

TITRE VIII.

Des Arrêts, Executions & Gageries.

CHAPITRE I.

Des Arrêts, executions & contraintes par corps, & du privilege des Bourgeois de Paris.

N. 143.   ARTICLE CLX.

On ne peut executer ni emprisonner sans obligation, condamnation, delit, quasi delit, ou chose équivalent.

ON ne peut proceder par voye d'arrêt, execution ou autres exploits, sur les biens d'autrui, ni par emprisonnement, sans obligation, condamnation, delit, ou quasi dèlit, chose privilegiée, ou qui le vaille.

N. 144. ARTICLE CLXVI.

On ne peut saisir ni emprisonner si la chose n'est liquide & certaine.

On n'est recevable à proceder par voye d'arrêt, saisie, execution, ou emprisonnement en vertu d'obligation ou Sentence, si la chose ou somme pour laquelle on veut faire ledit exploit, n'est certaine & liquide en somme ou espece. Et néanmoins si l'espece est sujette à appreciation, on peut executer & ajourner afin d'apprecier.

N. 145. ARTICLE CLXXIII.

Bourgeois de Paris peuvent faire arrêter les biens de leurs debiteurs forains, quoi qu'ils n'ayent promesse, ni obligation.

Par privilege usité, quiconque est Bourgeois demeurant & habitant à Paris, & par an, & par jour y a demeuré, il peut proceder par voye d'arrêt sur les biens de ses debiteurs forains trouvez en icelle Ville, posé qu'il n'y eût obliga-

tion ni cedule, & non sur autres debiteurs
que forains.

N. 146. Article CLXXIV.

Le Prevôt de Paris connoît de tel arrêt.

De tel arrêt fait en la Ville & Faux-
bourgs, cõnnoît le Prevôt de Paris &
non autre.

N. 147.   Article CXII.

Bourgeois de Paris en matiere civile n'est
tenu plaider en deffendant ailleurs
qu'à Paris.

Par privilege notoire des Bourgeois
de Paris en matiere civile, ne peuvent
être les Bourgeois de ladite ville contraints plaider ni répondre en défendant
ailleurs qu'en la ville de Paris, pour
quelque cause & privilege que ce soit.

Remarques.

Touchant les saisies, executions & vente
de meubles, & autre choses mobiliaires, *Vide*
le Chap. suivant & le titre 33. de l'Ordonnance
de 1667. & la Conference de Bornier.

TITRE VIII.

Touchant la contrainte par corps, *Vide le* Titre 34. de la même Ordonnance, & la Conference de Bornier, *vide* l'Ordonnance de 1670. des Matieres criminelles, Titre 10. Art. 2. 8. 17. 18. & 19. & l'Ordonnance de 1673. Tit. 7.

Pour ce qui concerne le privilege des Bourgeois, *vide* Bacquet droits de Justice, Chap. 8.

Conference.

Orleans, Titre 19. Chapitre 2. & Tit. 20. Chapitre 2.

Les autres Coûtumes, *vide* Fortin, Ricard, de Ferriere.

CHAPITRE II.

Des promesses & obligations, & de leurs hypotheques, & quand elles gissent en execution.

N. 148. ARTICLE CVII.

Promesse sous-seing privé, quand porte hypotheque.

Cedule privée qui porte promesse de payer, emporte hypotheque du

jourde la confession ou reconnoissance
d'icelle faite en jugement, ou pardevant
deux Notaires, ou que par jugement elle
soit tenuë pour confessée, ou du jour de
la denegation, en cas que par aprés elle
soitverifiée.

N. 149.   Article CLXIV.

Obligation sous seel Royal est executoire,
sur les biens de l'obligé.

Une obligation faite & passée sous
le seel Royal, est executoire sur les
biens meubles & immeubles de l'o-
bligé.

N. 150.   Article CLXV.

La même chose doit avoir lieu pour les obli-
gations passées sous le seel des
Seigneurs.

Et le semblable doit être gardé pour
les obligations passées sous le seel auten-
tique & non Royal : pourveu qu'au jour
de l'obligation passée, les parties obli-
gées fussent demeurans au lieu où ladite
obligation est passée.

N. 151. A R T I C L E CLXVIII.

Obligation paßée par le défunt ne peut être miſe à execution contre la veuve & heritiers, avant d'être declarée executoire.

Obligation paßée par le mary, ou Sentence contre lui donnée, aprés le trépas dudit mary, ne ſont executoires ſur les biens de la veuve, ni des heritiers dudit défunt, avant que telles ſoient declarées. Et pour ce faire les faut appeller.

N. 152. A R T I C L E CLXIX.

Permis néanmoins de ſaiſir pour ſureté : Commandement préalablement fait à la veuve, & heritiers.

Neanmoins pour la conſervation du dû des creanciers, peuvent être les biens du défunt & de la communauté ſaiſis & arrêtez, Commandement prealablement fait à la veuve & heritiers.

Remarques.

Obligations de deux sortes :

Les unes sont par écrit, les autres sont sans écrit.

Obligation sans écrit ; il ne dépend que de la probité de celui qui s'est obligé d'executer la convention, à moins qu'il ne s'agisse d'une somme de 100. liv. ou au dessous, auquel cas il est permis de faire preuve par témoins de la verité de l'obligation, Article 2. Titre 20. de l'Ordonnance de 1667. ce qui est conforme à l'Article 54. de l'Ordonnance de Moulins.

Obligations par écrit, il y en a de deux sortes.

Les unes sont sous signature privée sujettes à reconnoissance, ne portent hypotheque ni execution parée.

Les autres passées devant Notaires qui portent hypotheque & execution parée, & ne sont sujettes à reconnoissance.

Obligations passées devant Notaires, on distingue, où ce sont Notaires Royaux, où ce sont Notaires des Seigneurs, où ce sont Notaires Ecclesiastiques, où ce sont Notaires étrangers.

Notaires Royaux peuvent instrumenter & passer Obligations & Contrats & autres Actes entre toutes personnes, pourveu que les Actes, Obligations & Contrats soient passez dans l'étenduë de la Jurisdiction desdits Notaires Royaux.

L'article 463. de la Coûtume d'Orleans

porte : *Un Notaire ou Tabellion ne peuvent va-*
lablement passer ni recevoir Lettres & Contrats
hors leur Châtellenie & Jurisdiction, sinon les No-
taires du Châtelet de Paris, d'Orleans & Mont-
pellier, qui par privilege peuvent & ont accoû-
tumé recevoir & passer tous Contrats par tout le
Royaume de France.

Or ces cas, Notaires Royaux qui instru-
mentent hors leur Territoire.

L'obligation n'est pas nulle, mais est seulement considerée comme une écriture privée,
sujete à reconnoissance, ne porte hypotheque
ni execution parée.

Quand ce sont Notaires des Seigneurs, on a
prétendu qu'ils ne pouvoient instrumenter
qu'entre personnes domiciliez dans l'étenduë
de leur Territoire ; & si les parties ou une d'i-
celles étoient demeurantes hors le Territoire du
Notaire, plusieurs sont d'avis que l'Obligation
ne devoit être consideréé que comme écriture
privée, jugé ainsi par plusieurs Arrêts. Cependant les derniers Arrêts ont jugé que ces Obligations portoient hypotheque à cause de la
bonne foy & l'utilité publique : mais ces Obligations ne portent execution parée hors le
Teritoire du Notaire. Ce qui a été confir-
mé par un arrêté fait par Mrs. du Parlement
concernant la matiere des hypotheques Art. 13.

Le même arrêté porte, que les Sentences
emportent hypotheque, soit qu'elles ayent été
donnés par Juges competens, ou incompetens,
Royaux, ou des Justices particulieres, même
és Coûtumes de saisine & de nantissement,
nonob-

honobstant toutes Coûtumes contraires. *Vide* de Ferriere sur l'art. 164. n. 75. & suivans.

Vide l'arrêté de Mrs. du Parlement rapporté par de Ferriere sur l'art. 178. page 287.

A l'égard des Obligations, Contrats, & autres Actes passez par Notaires Ecclesiastiques, ils ne portent hypotheque ni execution parée, sont considerez comme écriture privée.

Les Jugemens rendus par Juges d'Eglise ne peuvent même être mis à execution hors leur Auditoire sans permission du Juge Seculier.

Contrats, Actes & Jugemens passez hors le Royaume ne portent hypotheque ni execution parée, sont considerez comme des Actes sous signature privée, faut se pourvoir par nouvelle action.

Vide les Commentateurs & les Chapitres suivans.

Conference.

Orleans, Tit. 20. Chap. 1. & 2.

Les autres Coûtumes, *vide* Fortin, Ricard, & de Ferriere.

CHAPITRE III.

Des Transports.

N. 153.   ARTICLE CVIII.

Un simple Transport ne saisit s'il n'est
signifié, & on ne peut executer avant
la signification.

UN simple transport ne saisit point,
& faut signifier le transport à la
partie, & en bailler copie auparavant
que d'executer.

Remarques.

Vide M. de Ferriere sur cet Article ; où il
traite plusieurs questions concernans les transf-
ports , subrogations , & garantie.

CHAPITRE IV.

De la Compensation.

N. 154.   ARTICLE CV.

COmpensation a lieu d'une dette
claire & liquide à une autre pa-

reïllement claire & liquide, & non autrement.

Remarques.

Compensation est l'acquitement reciproque
entre deux personnes qui se trouvent debiteurs
l'un de l'autre. *Compensatio est debiti & crediti
inter se contributio, L. 1. ff. de compens.*

Vide le Chapitre suivant.

CHAPITRE V.

De la Reconvention.

N. 155.   ARTICLE CVI.

La reconvention est la défense de l'action.

REconvention en cour laïe, n'a lieu
si elle ne dépend de l'action, &
que la demande en reconvention soit la
défense contre l'action premierement
intentée : Et en ce cas le défendeur par
le moyen de ses défenses, peut se constituer demandeur.

Remarques.

La Reconvention est une espece de compen

sation, La difference qu'il y a entre la compensation, & la reconvention, est que la compensation se fait de droit. *Placuit inter omnes id quod
debetur ipso jure compensari.* La reconvention au
contraire gît en action.

Brodeau sur l'article 106. dit, que la reconvention est presque une même chose que la
compensation, sinon que la compensation est
d'une dette claire & liquide, & non contestée,
& la reconvention est d'une dette qui n'est
point certaine ni reconnuë, mais douteuse &
litigieuse.

Vide les Commentateurs.

CHAPITRE VI.

Des Lettres de Répy.

N. 156.   ARTICLE CXI.

*Répy n'a lieu contre les dettes
privilegiées.*

UN répit ne peut avoir lieu contre
le dû d'aucun, adjugé par Sentence disinitive & contradictoire, loüage
de maison, arrerages de rentes, mois-
son de grain, & dettes de mineurs con-

tractées avec les mineurs ou leurs tuteurs, durant leur minorité.

Remarques.

Répit est une surceance que le Roy accorde
à un debiteur pour le payement de ses dettes :
mais lorsque la dette est privilegiée les Lettres
ne produisent aucun effet.

Les dettes privilegiées, sont celles énoncées
en l'Article III.

Il y plusieurs autres cas qui sont énoncez
dans l'Article II. Titre 6. de l'Ordonnance du
mois d'Aoust 1669. des répits.

Les formalitez qui doivent être observées
dans l'obtention & l'enterinement des Lettres
de répits sont marquées dans le Titre 6. de
l'Ordonnance de 1669. dans le Titre 9. de
l'Ordonnance de 1673. & dans la Declaration
du Roy du mois de Decembre 1699. *vide* ces
Ordonnances & Declaration.

Conference.

Orleans, Titre 19. Chapitre 2.

Les autres Coûtumes, *vide* Fortin, Ricard,
de Ferriere.

CHAPITRE VII.

Des Privileges & preferences entre creanciers.

SECTION I.

Privilege du Seigneur de rente fonciere, sur maisons seizes en la Ville & Faux-bourgs de Paris, & de la Gagerie.

N. 157.   ARTICLE CLXIII.

Qui a droit de rente constituée sur aucune maison assise en la Ville & Faux-bourgs de Paris, à cause de laquelle lui sont deûs trois termes d'arrerages & non plus, peut proceder par voye de gagerie pour iceux trois termes sur les biens meubles étans en ladite maison appartenans au detempteur & proprietaire.

Vide Article 86.

Remarques.

M. de Ferriere dit, que la Gagerie est une es-

pece de saisie de meubles meublans qui se trouvent dans une maison, laquelle se fait pour les
causes introduites par la Coûtume, sans les
transporter ni deplacer, suivant l'article 86.
Que la gagerie se fait en vertu du privilege de
la dette accordé par la Coûtume & sans permission du Juge.

Brodeau sur l'article 163. est d'avis qu'il
faut permission du Juge pour saisir & pour
vendre.

La Coûtume d'Orleans qui a esté reformée
depuis celle de Paris porte, art. 406. qu'un
Seigneur d'Hôtel, Metairie, où ayant rente
fonciere, peut saudit Hôtel & Metairie faire
executer sans Contrat, Obligation ni autorité
de Justice, appellé avec lui un Sergent. L'u-
sage à Orleans est qu'il ne faut point de pre-
mission du Juge pour saisir ou pour vendre,
quand on vient en vertu du privilege de la
Coûtume, & qu'il ni a empêchement ni
opposition.

Vide la Section suivante.

SECTION II.

Des privileges des proprietaires de maisons & Fermes des Champs, sur les meubles & effets de leurs Locataires, sous-Locataires & Fermiers.

N. 158.   ARTICLE CLXI.

Privilege du Proprietaire de Maison sur les meubles de son Locataire.

IL est loisible à un Proprietaire d'aucune maison par lui baillée à titre de loyer, faire proceder par voye de gagerie en ladite maison, pour les termes à lui dûs pour le loüage, sur les biens étans en icelle.

N. 159.   ARTICLE CLXII.

Privilege du proprietaire de maison sur les meubles des sous-locataires.

S'il y a des sous-locatifs, peuvent être pris leurs biens pour ledit loyer & charges du bail, & néanmoins leur seront sont rendus en payant le loyer pour leur occupation.

N. 160.   ARTICLE CLXX.

Meubles n'ont suite par hypotheque.

Meubles n'ont point de suite par hy-potheque, quand ils sont hors de la pos-session du debiteur.

Vide l'Article suivant.

N. 161.   ARTICLE CLXXI.

Proprietaires de Maisons & Fermes des Champs ont droit de suite sur les meu-bles de leurs Locataires & Fermiers qui ont étez enlevez pour être les premiers payez de leur deû.

Toutefois les proprietaires des mai-sons sizés és Villes & Faux-bourgs, & fermes des champs, peuvent suivre les biens de leurs locatifs ou fermiers exe-cutez, encore qu'ils soient transportez, pour être premiers payez de leurs loyers ou maisons, & iceux arrêter, jusqu'à ce qu'ils soient vendus & delivrez par au-torité de Justice.

N

Remarques.

Presque toutes les Coûtumes donnent un privilege aux proprietaires de maisons & fermes des champs pour leur loyers & fermages, sur les meubles & effets de leurs locataires.

La Coûtume d'Orleans reformée depuis celle de Paris contient plusieurs decisions importantes concernans le privilege des proprietaires des maisons & fermes des champs.

Vide les decisions de cette Coûtume que j'ay mise en son ordre naturel, Titre 19. Chap. 1.

Les autres Coûtumes, *Vide* Fortin, Ricard, de Ferriere.

Vide les Chapitres suivans, & les Remarques de la Section 5.

SECTION III.

Privilege de celui qui vend chose mobiliaire sans donner terme, où qui ayant donné terme trouve encore sa chose en nature.

N. 162. ARTICLE CLXXVI.

QUi vend aucune chose mobiliaire sans jour & sans terme esperant être payé promptement, il peut sa chose poursuivre en quelque lieu qu'elle soit transportée, pour être payé du prix qu'il l'a venduë.

Vide Article suivant.

N. 163. Article CLXXVII.

Et neanmoins encore qu'il eût donné terme, si la chose se trouve saisie sur le debiteur par un autre creancier, il peut empêcher la vente, & est preferé sur la chose aux autres creanciers.

Remarques.

Quand la vente est faite sans jour & sans terme le vendeur a droit de revendiquer sa chose même és mains d'un tiers acquereur de bonne foy, pourveu que le vendeur ait suivi promptement sa chose, & qu'il n'y ait pas à presumer qu'il ait donné terme, soit exprés ou tacite, auquel cas ayant donné terme, soit exprés ou tacite, il ne peut plus user de revendication; mais est seulement preferé sur sa chose si elle se trouve encore en nature entre les mains de son debiteur, quoique saisie à la requête d'autres creanciers.

Conference.

Orleans, Chapitre 3. Titre 10.
Les autres Coutumes, *Vide* Fortin, Ricard, de Ferriere.

SECTION IV.

Du privilege des Hôteliers.

N. 164. ARTICLE CLXXV.

DEpens d'hôtelage, livrez par hôtes à pelerins, ou à leurs chevaux, sont privilegiez & viennent à preferer devant tout autre, sur les biens & chevaux hôtelez, & les peut l'Hôtelier retenir jusques à payement : & si aucun autre creancier les vouloit enlever, l'Hôtelier a juste cause de soi opposer.

Remarques.

La cause du privilege est la faveur des alimens.

Vide Article 128. & la Remarque.

Conference.

Vide Fortin, Ricard, de Ferriere.

SECTION V.

*Privilege du premier saisissant, & de ce-
lui auquel on a donné le meuble en gage
ou en dépôt, de la deconfiture & contribution entre creanciers.*

N. 165. ARTICLE CLXXVIII.

Privilege du premier saisissant.

LE creancier qui fait premier arrêter
& saisir valablement, ou prendre par
execution aucuns meubles appartenans
à son debiteur, doit être le premier
payé.

Vide l'Article suivant.

N. 169. ARTICLE CLXXIX.

*Premier saisissant n'a privilege lorsqu'il y
a déconfiture.*

Toutefois en cas de déconfiture chacun creancier vient à contribution au sol
la livre, sur les biens meubles du debiteur. Et n'y a point de preference ou pre-

rogative pour quelque cause que ce soit, encore qu'aucun des creanciers eût fait premier saisir.

N. 167.   A R T I C L E   CLXXX.

Cas où il y a déconfiture.

Le cas de la déconfiture est , quand les biens du debiteur , tant meubles qu'immeubles , ne suffisent aux crean-ciers apparens : & si pour empêcher la contribution se meut differend entre les creanciers apparens sur la suffisance ou insuffisance desdits biens , les premiers en diligence qui prennent les deniers des meubles par eux arrêtez , doivent bail-ler caution de les rapporter , pour être mis en contribution , au cas que lesdits biens ne suffisent,

N. 168.   A R T I C L E   CLXXXI.

Celui auquel le meuble a été donné en gage n'est tenu de venir à contribution.

Et n'a lieu la contribution quand le creancier se trouve saisi du meuble , qui lui a été baillé en gage.

N. 169. ARTICLE CLXXXII.

Le dépositaire qui a le depôt en nature n'est tenu de venir à contribution.

Aussi n'a lieu la contribution en matiere de depôt, si le depôt se trouve en nature.

Remarques.

Il y a trois sortes de creanciers.

1. Creanciers privilegiez.

2. Creanciers hypothequaires.

3. Creanciers chirographaires qui n'ont ni privilege ni hypotheque.

Entre creanciers privilegiez, il y a des privileges plus forts les uns que les autres.

1. Frais de Justice sont preferez à tous autres.

2. Les frais Funeraires faits suivant la condition du deffunt vont aprés.

3. Frais de Medecins, Apotiquaires & Chirurgiens, pour la derniere maladie seulement.

4. Le Maçon est preferé au Proprietaire pour les reparations qu'il a fait dans la maison.

5. Proprietaires de maisons ont privilege pour leurs loyers sur les meubles de leurs locataires.

6. Proprietaires des Fermes ont privilege sur les fruits des heritages qu'ils ont donnez à ferme.

7. Celui qui a prêté les semences, & les ouvriers qui ont fait la recolte sont preferez sur les fruits au proprietaire du fond.

8. Seigneur Censier pour les arrerages du cens est preferé au proprietaire.

9. Les voituriers sont preferez sur les marchandises qu'ils ont voiturez pour leur salaires.

10 Les Architectes, Entrepreneurs & autres ouvriers ont privilege sur les bâtimens & ouvrages qu'ils ont faits pour ce qui leur est deû de leur travail & de leur soins.

11. Celui qui a le gage entre ses mains est privilegié sur icelui pour ce qui lui est dû : mais doit y en avoir un acte devant Notaire, Articl 8. & 9. Titre 6. de l'Ordonnance du Commerce.

12. Le depôt doit être rendu en entier à celui auquel il appartient s'il se trouve en nature.

13. Les Hôteliers ont privilege pour ce qu'ils ont fourni à leur hôtes sur les hardes qui ont estez apportez en l'Hôtelerie.

14. Le premier saisissant chose mobiliaire est preferé lors qu'il n'y a déconfiture.

15. Celui qui a vendu sa chose sans donner terme, ou avec terme est pareillement preferé si elle se trouve encore en nature.

16. Celui auquel on a volé quelque chose peut la revendiquer és mains d'un tiers-acquereur de bonne foi, si la vente en a été faite sans formalité.

17. Le vendeur a privilege sur l'immeuble qu'il a vendu pour le prix qui lui est dû, en-

core qu'en vendant il n'en ait fait aucune re-
ferve par le Contrat.

18. Ceux qui ont prêté leur deniers, pour bâtir ou rebâtir une maison ont privilege, quand
c'eſt pour rebâtir faut un devis, quand c'eſt
pour bâtir n'eſt neceſſaire d'un devis, en cas
de concurrence entre le bailleur du fond &
ceux qui ont prêtez leur deniers pour bâtir ou
rebâtir, ventillation doit être faite de la valeur
du bâtiment & du fond, & ſont payez concur-
ramment par rapport à l'eſtimation.

19. Creanciers pour l'exercice & fonction de
l'Office ſont preferez ſur l'Office à tous autres creanciers, même au vendeur.

20. Oppoſans au Sceau ſont preferez à ceux
qui ne ſont point oppoſans, entre oppoſans au
Sceau; les privilegiez ſont preferez enſuite,
les Hypotequaires, après les Chirographaires
entre creanciers Chirographaires, le prix ſe
diſtribuë par contribution, quand les uns & les
autres ne ſont oppoſans, ou qu'il reſte une
partie du prix à diſtribuer. Les privilegiez
ſont preferez, enſuite les hypothequaires
après les Chirographaires comme deſſus.

21. Dans les Coutumes qui requierent l'infeodation & enſaiſinement des Contrats. Ceux
qui ſont enſaiſinez & infeodez ſont preferez,
quoique creanciers poſterieurs, l'infeodation
doit être devant Notaires lorſqu'il s'agit de
l'intereſt d'un tiers.

22. Il y a pluſieurs autres privileges.

Le Roy a donné pluſieurs Declarations qui
lui donnent privilege & preference ſur les biens

des comptables, traitans & gens d'affaires à tous creanciers quoi qu'anterieurs en hypothe-que, excepté les dettes privilegiées.

Pour le surplus; *Vide* les Commentateurs.

Conference.

Orleans, Chapitre 3. Titre 20.
Les autres Coûtumes, *Vide* Fortin, Ricard, de Ferriere.

SECTION VI.

Dans quel tems les executans sont tenus faire vendre les meubles par eux saisis.

N. 170. ARTICLE CLXXII.

LEs executans sont tenus de faire ven-dre les biens dans deux mois aprés les oppositions jugées, ou cessées.

L'Ordonnance de 1667. Art. 20. des Seques-tres a suivi la disposition de cet Article.

Conference, *vide* Fortin, Ricard de Ferriere.

Remarques sur le Tit. 8.

Les Articles concernans les droits de def-herence & confiscation sont mis sous le Titre des successions.

TITRE IX.

Des servitudes & rapports de Jurez.

CHAPITRE I.

Comme on acquiert droit de servitude, & comme les servitudes s'éteignent.

N. 171.   ARTICLE CLXXXVI.

Nulle servitude sans Titre, mais la liberté contre le Titre de servitude s'acquiert par trente ans.

DRoit de servitude ne s'acquiert par longue joüissance quelle qu'elle soit, sans titre, encore que l'on en ait joüy par cent ans : mais la liberté se peut reacquerir contre le titre de servitude par trente ans, entre âgez, & non privilegiez.

N. 172. ARTICLE CCXV.

Pere de famille qui aliene partie de son heritage, doit declarer quelle servitude il retient, ou constituë sur icelui, autrement nulle servitude sans Titre.

Quand un pere de famille met hors ses mains partie de sa maison, il doit specialement declarer quelles servitudes il retient sur l'heritage qu'il met hors ses mains, ou quelles il constituë sur le sien : & les faut nommément & specialement declarer, tant pour l'endroit, grandeur, hauteur, mesure, qu'espece de servitude. Autrement toutes constitutions generales de servitudes sans les declarer comme dessus, ne valent.

N. 153. ARTICLE CCXVI.

Destination du pere de famille doit être par écrit, autrement ne vaut.

Destination de pere de famille vaut titre quand elle est, ou a été par écrit, & non autrement.

CHAPITRE II.

Chacun peut faire en son fond ce que bon lui semble, édifier dessus ou dessous, s'il n'y a Titre au contraire.

N. 174. ARTICLE CLXXXVII.

Qui a le sol, a le dessus & le dessous : s'il n'y a titre au contraire.

QUiconque a le sol, appellé l'étage du rez de chaussée, d'aucun heritage, il peut & doit avoir le dessus & le dessous de son sol , & peut édifier par dessus & par dessous , & y faire puits, aisemens & autres choses licites, s'il n'y a titre au contraire.

Vide Art. 195. & les Chapitres suivans.

CHAPITRE III.

Des vûës qu'on peut avoir sur l'heritage de son voisin.

N. 175.   ARTICLE CCII.

On ne peut faire vûës sur l'heritage de son voisin s'il n'y a six pieds de distance entre la vûe & l'heritage.

Ucun ne peut faire vûës droites sur son voisin, ni sur places à lui appartenantes, s'il n'y a six pieds de distance entre ladite vûe & l'heritage du voisin : & ne peut avoir bées de côté, s'il n'y a deux pieds de distance.

N. 176.   ARTICLE CXCIX.

On ne peut faire vûës ni fenêtres en mur mitoyen, sans le consentement du cooproprietaire du mur.

En mur mitoyen ne peut l'un des voisins, sans l'accord & consente-ment de l'autre, faire faire fenêtres ou

trous pour vûë, en quelque maniere
que ce soit, à verre dormant ni autrement.

N. 177. ARTICLE CC.

*Quand le mur n'est mitoyen, celui auquel
appartient le mur peut faire fenêtres
suivant l'usage à ver dormant & fer
maillé.*

Toutefois si aucun a mur à lui seul
appartenant, joignant sans moyen à
l'heritage d'autruy, il peut en icelui mur
avoir fenêtres, lumieres ou vûës aux
us & coûtumes de Paris : C'est à sçavoir de neuf pieds de haut au dessus du
rez de chaussée & terre, quant au premier étage : & quant aux autres étages
de sept pieds, au dessus du rez de chaussée : Le tout à fer maillé & verre dormant.

N. 178. ARTICLE CCI.

*Ce que c'est que fer maillé & verre
dormant.*

Fer maillé est treillis dont les trous ne

peuvent être que de quatre pouces en
tout sens : & verre dormant, est verre
attaché & scellé en plâtre qu'on ne peut
ouvrir.

CHAPITRE IV.

*Quand on peut mettre poutres & solives
dans le mur de son voisin.*

N. 179.　ARTICLE CCVI.

*On ne peut mettre poutres & solives dans
le mur de son voisin qui n'est mitoyen.*

N Est loisible à un voisin de mettre
ou faire mettre & loger les pou‑
tres & solives de sa maison , dans le
mur d'entre lui & son voisin, si ledit
mur n'est mitoyen.

N. 180.　ARTICLE CCVII.

*Pour asseoir les poutres & solives dans
le mur mitoyen , faut mettre corbeaux
& jambages pour les porter.*

Il n'est aussi loisible à un voisin de
mettre

mettre ou faire mettre, & asseoir les poutres de sa maison dans le mur mitoyen d'entre lui & son voisin, sans y faire faire & mettre jambes, parpaignes ou chaînes & corbeaux suffisans de pierre de taille pour porter lesdites poutres, en rétablissant ledit mur: Toutefois pour les murs des champs, suffit y mettre matiere suffisante.

N. 181. ARTICLE CCVIII.

On ne peut placer ses poutres & solives dans le mur mitoyen que jusqu'à la moitié dudit mur.

Aucun ne peut percer le mur mitoyen d'entre lui & son voisin, pour y mettre & loger les poutres de sa maison, que jusqu'à l'époisseur de la moitié dudit mur, & au point du milieu en rétablissant ledit mur : & en mettant ou faisant mettre jambes, chaînes, & corbeaux, comme dessus.

O

CHAPITRE V.

Des murs mitoyens, réparations & augmentations qu'il convient y faire, & quand on peut contraindre son voisin à faire mur mitoyen, & bâtimens qu'on peut faire contre.

N. 182. ARTICLE CCIX.

Dans la Ville & Faux-bourgs de Paris on peut contraindre son voisin à faire mur de clôture.

CHacun peut contraindre son voisin és Villes & Faux-bourgs de la Prevôté & Vicomté de Paris, à contribuer pour faire faire clôture faisant separation de leurs maisons, court, & jardins assis esdites Villes & Faux-bourgs, jusqu'à la hauteur de dix pieds de haut du rez de chaussée compris le chaperon.

N. 183. Article CCX.

Hors la Ville & Faux-bourgs on ne peut contraindre son voisin à faire mur de clôture, mais on peut l'obliger à entretenir les anciens, si mieux n'aime abandonner le droit du mur.

Hors lesdites Villes & Faux-bourgs on ne peut contraindre voisin à faire mur de nouvel separant les cours & jardins : mais bien le peut-on contraindre à l'entretenement & refection necessaire des murs anciens selon l'ancienne hauteur desdits murs, si mieux le voisin n'aime quitter le droit de mur & la terre sur laquelle il est assis.

N. 184. Article CCV.

On peut contraindre son voisin à reparer le mur mitoyen & payer sa part de la dépense, par rapport à ce que chacun a au mur.

Il est aussi loisible à un voisin contraindre ou faire contraindre par justi-

ce son autre voisin, à faire ou faire refaire le mur & édifice commun pendant
& corrompu entre lui & sondit voisin,
& d'en payer sa part chacun selon son
heberge, & pour telle part & portion
que lesdites parties ont & peuvent avoir
audit mur & édifice mitoyen.

N. 185.   A R T I C L E CXCV.

Il est permis au voisin d'hausser le mur
mitoyen si haut que bon lui semble,
en payant les charges.

Il est loisible à un voisin hausser à ses
dépens le mur mitoyen d'entre lui &
son voisin, si haut que bon lui semble,
sans le consentement de sondit voisin,
s'il n'y a titre au contraire, en payant
les charges : pourveu toutesfois, que le
mur soit suffisant pour porter le re-
haussement, & s'il n'est suffisant, faut
que celui qui veut rehausser, le fasse
fortifier, & se doit prendre l'époisseur
de son côté.

Vide Article 187.

N. 186.   ARTICLE CXCVI.

Lorsque le mur mitoyen est bon, celui qui veut l'élever plus haut ou le faire re-bâtir, est tenu de payer entierement les frais : mais s'il veut s'aider de l'ancien, est tenu de payer les charges.

Si le mur est bon pour clôture & de durée, celui qui veut bâtir dessus, & démolir ledit mur ancien, pour n'être suffisant pour porter son bâtiment, est tenu de payer entierement tous les frais, & en ce faisant ne payera aucunes charges : mais s'il s'aide du mur ancien, payera les charges.

N. 187.   ARTICLE CXCVII.

Ce qu'il faut payer pour les charges.

Les charges sont de payer & rembourser par celui qui se loge & heberge sur & contre le mur mitoyen, de six toises l'une de ce qui sera bâti au dessus de dix pieds.

N. 188. ARTICLE CXCVIII.

On peut bâtir contre un mur mitoyen,
en payant la moitié du mur.

Il est loisible à un voisin se loger, ou édifier au mur commun & mitoyen d'entre lui & son voisin, si haut que bon lui semblera, en payant la moitié dudit mur mitoyen, s'il n'y a titre au contraire.

N. 189. ARTICLE CCIV.

On peut percer ou démolir le mur mitoyen
pour édifier, en le rétablissant à ses
dépens, dénonciation préalablement
faite au voisin.

Il est loisible à un voisin, percer ou faire percer & démolir le mur commun & mitoyen d'entre lui & son voisin pour se loger & édifier, en le rétablissant dûement à ses dépens, s'il n'y a titre au contraire : en le dénonçant toutefois au préalable à son voisin. Et est tenu faire incontinent & sans discontinuation ledit rétablissement.

N. 190. Article CCIII.

Maçons ne peuvent démolir ni reparer le mur mitoyen sans denonciation préalable au voisin.

Les maçons ne peuvent toucher ni faire toucher à un mur mitoyen pour le démolir, percer & réedifier, sans y appeller les voisins qui y ont interêt, par une simple signification seulement. Et ce à peine de tous dépens, dommages & interêts, & rétablissement dudit mur.

N. 191. Article CXCIV.

On peut bâtir contre mur non mitoyen, en remboursant préalablement moitié dudit mur.

Si aucun veut bâtir contre un mur non mitoyen, faire le peut en payant moitié tant dudit mur que fondation d'icelui, jusqu'à son heberge. Ce qu'il est tenu payer paravant que rien démolir ni bâtir. En l'estimation duquel mur est comprise la valeur de la terre sur la-

quelle est ledit mur fondé & assis : au cas
que celui qui a fait le mur, l'ait tout
pris sur son heritage.

N. 192.   ARTICLE CCXI.

*Tous murs separans cours & jardins sont
reputez mitoyens s'il n'y a titre
au contraire.*

Tous murs separans cours & jardins
sont reputez mitoyens, s'il n'y a titre
au contraire. Et celui qui veut faire bâtir nouvel mur, ou refaire l'ancien corrompu, peut faire appeller son voisin
pour contribuer au bâtiment ou refection dudit mur, ou bien lui accorder
lettres que ledit mur soit tout sien.

N. 193.   ARTICLE CCXIV.

*De quelle maniere on connoît que le mur
est mitoyen.*

Filets doivent être faits accompagnez
de pierres, pour connoître que le mur
est mitoyen, ou à un seul.

Remar-

Remarques.

Quand il y a filets des deux côtez le mur est reputé mitoyen, & quand il n'y a filets que d'un côté le mur est reputé appartenir à celui qui a les filets de son côté, s'il n'y a titre au contraire.

N. 194.   ARTICLE CCXII.

Le voisin est reçû en tout tems de rembourser moitié du mur pour le faire déclarer mitoyen.

Et néanmoins és cas des deux precedens articles, est ledit voisin reçû quand bon lui semble, à demander moitié dudit mur bâti & fonds d'icelui, ou à rentrer en son premier droit, en remboursant moitié dudit mur & fonds d'icelui.

CHAPITRE VI.

Des fossez qui sont mitoyens, & de l'entretenement d'iceux.

N. 195.   ARTICLE CCXIII.

LE semblable est gardé pour la refection, vuidanges & entretenement des anciens fossez communs & mitoyens.

P

Remarques.

Le sens de cet article est, si un fossé est entre deux heritages, les voisins sont obligez à la refection, vuidange & entretennement d'icelui, à moins que l'un d'eux ne veuille quiter à l'autre le droit qu'il a au fossé.

CHAPITRE VII.

Des fours, cheminées, fourneaux, cloaques, fossez, & privez qu'on peut faire contre le mur mitoyen.

N. 196.　A R T I C L E CCXVII.

Pour faire fossez à eauë & cloaques doit y avoir distance de six pieds du mur mitoyen.

N U L ne peut faire fossez à eauë ou cloaques s'il n'y a six pieds de distance en tous sens des murs appartenans au voisin ou mitoyen.

N. 197. Article CXCII.

Pour avoir jardin labourable contre le mur mitoyen doit être fait contre mur d'un ou deux pieds d'époisseur.

Celui qui a place , jardin , ou autre lieu vuide qui joint immédiatement au mur d'autrui , ou à mur mitoyen, & il veut faire labourer & fumer , il est tenu faire contre mur de demi pied d'époisseur , & s'il a terres jectisses, il est tenu faire contre mur d'un pied d'époisseur.

N. 198. Article CLXXXVIII.

Pour faire étable contre mur mitoyen , faut faire contre-mur de huit pouces d'époisseur.

Qui fait étable contre un mur mitoyen, il doit faire contre-mur de huit pouces d'époisseur de hauteur jusques au rez de la mangeoire.

N. 199. ARTICLE CLXXXIX.

Pour faire cheminées contre mur mitoyen,
faut faire contre-mur de thuilles de
demi pied d'époiſſeur.

Qui veut faire cheminées & âtres
contre le mur mitoyen, doit faire contre-mur de thuilots, ou autre choſe ſuffiſante de demi pied d'époiſſeur.

N. 200. ARTICLE CXC.

Pour faire forge, four, & fourneau con-
tre mur mitoyen, faut faire contre-
mur d'un pied d'époiſſ. ur.

Qui veut faire forge, four, & fourneau contre le mur mitoyen, doit laiſſer
demi pied de vuide & intervale entre
deux, du mur, du four ou forge : & doit
être ledit mur d'un pied d'époiſſeur,

N. 201. ARTICLE CXCI.

Pour faire aiſances, privez, ou puits à
eau contre mur mitoyen, faut faire
contre mur d'un, trois, ou quatre pieds
d'époiſſeur.

Qui veut faire aiſances de privez, ou

puits contre un mur mitoyen, il doit
faire contre-mur d'un pied d'époiſſeur.
Et où il y a de chacun côté puits, ou bien
puits d'un côté & aiſance de l'autre, ſuffit
qu'il y ait quatre pieds de maçonnerie
d'époiſſeur entre-deux , comprenant les
époiſſeurs des murs d'une part & d'autre. Mais entre-deux puits ſuffiſent trois
pieds pour le moins.

N. 202.   ARTICLE CXCIII.

*Tous proprietaires de maiſons doivent
avoir latrines en icelles.*

Tous proprietaires de maiſons en la
Ville & Faux-bourgs de Paris, ſont tenus avoir latrines & privez ſuffiſans en
leurs maiſons.

N. 203.   ARTICLE CCXVIII.

*On doit porter les vuidanges des privez
hors la Ville.*

Nul ne peut mettre vuidanges de foſſes
de privez dans la Ville.

CHAPITRE VIII.

*Des rapports & visitation des Experts,
& du toisage.*

N. 104. ARTICLE CLXXXIV.

*Rapports d'Experts & visitation des
lieux, comme doivent être faits.*

EN toutes matieres sujettes à visitation, les parties doivent convenir
en jugement de Jurez ou Experts, &
gens à ce connoissans, qui font le serment pardevant le Juge. Et doit être le
rapport apporté en justice, pour en plai-
dant ou en jugeant le procez, y avoir
tel égard que de raison, sans qu'on puisse
demander amendement. Peut neanmoins le Juge ordonner autre ou plus
ample visitation être faite, s'il y échet.
Et où les parties ne conviennent de
personnes, le Juge en nomme d'office.

N. 205.   ARTICLE CLXXXV.

Rapports d'Experts, comme doivent être délivrez aux parties.

Et sont tenus lesdits Jurez ou Experts, & gens connoissans, faire & rediger par écrit, & signer la minutte du rapport sur le lieu, & paravant qu'en partir, & mettre à l'instant ladite minute és mains du Clerc qui les assiste : lequel est tenu dans les vingt-quatre heures aprés, delivrer ledit rapport aux parties qui l'en requierent.

N. 206.   ARTICLE CCXIX.

Enduits & crespis de vieux mur, comment se toisent.

Les enduits & crespis de maçonnerie faits à vieils murs, se toisent à raison de six toises pour une toise de gros mur.

Remarques sur les Servitudes.

L'origine des Servitudes vient du droit des gens & du droit civil.

Les Servitudes ont été établies pour l'utilité & la commodité des personnes & des choses.

Le droit Romain distingue deux sortes de Servitudes, l'une personnelle, l'autre réelle, la personnelle n'aïant lieu en France, puisque nous n'y reconnoissons point d'esclaves, & que toutes les personnes y sont libres. Il ne s'agit dans ce Titre que des Servitudes réelles.

Il y a deux sortes de Servitudes réelles, l'une appellée Servitude des Villes, & l'autre Servitude des Champs.

Les Servitudes des Villes sont d'élever son mur, recevoir les eaux, supporter les charges des maisons voisines, avoir des vûës sur l'heritage de son voisin, souffrir que son voisin ait droit de passage dans sa maison & autres droits qui sont expliquez par les Commentateurs.

Les Servitudes des Champs sont d'avoir droit de passage pour soy, pour ses bêtes dans l'heritage de son voisin, y faire conduire de l'eau, y faire abréver ses bêtes, & autres Servitudes pareillement expliquées par les Commentateurs.

Servitudes s'acquierent, *aut ex natura loci aut ex pactione, aut præscriptione.* M. Loüet let. C. Sommaire 1.

On peut obliger un voisin de donner passage sur son heritage lorsqu'il n'y a commodité autrement.

La brieveté que je me suis proposée dans cet Ouvrage, & le grand nombre de Commentaires qu'il y a sur la Coûtume, m'oblige d'y renvoyer le Lecteur pour le surplus.

Conférence.

Orleans, Titre 13. Chapitre 1. 2. 3. 4. & 5.
Les autres Coûtumes, *vide* Fortin, Ricard,
de Ferriere.

TITRE X.

De la Communauté de biens.

CHAPITRE I.

Communauté de biens, quand elle com-
mence, des effets qui entrent en Commu-
nauté, & dettes dont les Conjoints
sont tenus à cause de la Communauté.

N. 207.   ARTICLE CCXX.

Les Conjoints sont communs en biens,
meubles & conquêts immeubles du
jour des épousailles.

Homme & femme conjoints ensemble par mariage, sont com-

muns en biens meubles & conquêts immeubles, faits durant & constant ledit
mariage. Et commence la communauté
au jour des épousailles & benediction
nuptiale.

N. 208. ARTICLE CCXXI.

Dettes dont les Conjoints sont tenus à cause de la Communauté.

A cause de laquelle communauté, le
mary est tenu personnellement payer
les dettes mobiliaires dûës à cause de sa
femme : & en peut être valablement
poursuivi durant leur mariage. Et aussi
la femme est tenuë aprés le trépas de son
mary, payer la moitié des dettes mobiliaires faites & accruës par ledit mary, tant durant ledit mariage qu'auparavant icelui. Et ce jusqu'à la concurrence de la communauté, comme il sera
dit cy-aprés.

Vide Article 228.

N. 209.   ARTICLE CCXXII.

Ce que les Conjoints doivent faire pour n'être tenus des dettes l'un de l'autre créées avant le mariage.

Combien qu'il soit convenu entre deux conjoints, qu'ils payeront separément leurs dettes faites auparavant leur mariage : Ce neanmoins ils en sont tenus, s'il n'y a inventaire prealablement fait : Auquel cas ils demeurent quittes, representans l'inventaire ou l'estimation d'icelui.

Remarques sur les dettes des Conjoints avant le mariage.

Distinguer d'abord si c'est une dette mobiliaire ou une dette immobiliaire.

1. Si c'est une dette mobiliaire dûë par le mary avant le mariage, & que les creanciers agissent pendant le mariage. On distingue où il y a stipulation par le Contrat de mariage, que les conjoints ne seront tenus des dettes l'un de l'autre, créées avant le mariage, & les conjoints ont fait inventaire des effets qu'ils ont apportez en communauté, où il n'y a eu aucune stipulation, ni inventaire.

Au premier cas y ayant stipulation & inventaire, la femme ne peut être poursuivie pour les dettes mobiliaires de son mary créées avant le mariage ; & si les creanciers font saisir les biens de la communauté, la femme se faisant separer de son mary est bien fondée de revendiquer ceux qu'elle a aportés en communauté, compris en son inventaire, & les creanciers ne peuvent l'empêcher.

Au second cas n'y ayant ni stipulation ni inventaire, la femme ne peut empêcher que les effets qu'elle a aportés en communauté, ne soient saisis & vendus pour les dettes mobiliaires de son mary, sauf à elle en se faisant separer de son mary, de venir par priorité de saisie ou contribution sur les effets mobiliers, tant de ceux qu'elle a aportés en Communauté, que des autres qui sont de la Communauté.

Si les creanciers agissent après le decez du mary, on distingue encore, ou la femme accepte la Communauté, ou elle y rénonce.

Si elle accepte la Communauté, elle est tenuë payer moitié des dettes mobiliaires, & ce jusqu'à concurrence de ce qu'elle amande de la Communauté, art. 222. & 228.

Si elle rénonce, l'article 237. décide qu'elle demeure quitte des dettes mobiliaires dûes par son mary, en faisant faire bon & loyal inventaire.

2. Quand il s'agit des dettes mobiliaires de la femme créées avant le mariage, on distingue pareillement.

Ou il y a stipulation par le Contrat de

mariage, que les conjoints ne seront tenus des dettes l'un de l'autre créées avant le mariage, & les conjoints ont fait inventaire des effets qu'ils ont apportez en Communauté, ou il n'y a eu aucune stipulation ni inventaire.

Au premier cas y ayant stipulation & inventaire, le mary representant le contenu en l'inventaire, & ce que la femme a apporté en mariage, il n'est tenu des dettes mobiliaires de sa femme créées avant le mariage, que jusqu'à concurrence du contenu en l'inventaire. Pour le surplus il en est déchargé, sauf aux creauciers à se pourvoir sur les propres de la femme, ou attendre la dissolution de la Communauté.

Au second cas, quand il n'y a stipulation ni inventaire le mary peut être contraint payer toutes les dettes mobiliaires de sa femme créées avant le mariage, quoi qu'elles excedent la dot qu'elle a apportée.

M. du Plessis sur l'article 221. est même d'avis que le mary en peut être poursuivi personnellement, tant sur ses propres que sur les biens de la Communauté.

L'Inventaire n'est necessaire qu'à l'égard des biens de la femme pour reclamer ses effets, au cas qu'on les saisisse pour les dettes de son mary, & afin que le mary ne soit tenu des dettes de la femme au pardessus de ce qu'elle a apporté en Communauté.

Comme le mary est maître de la Communauté, l'Inventaire de ses biens est inutile à cet égard. M. du Plessis sur le même article.

A l'égard des dettes immobiliaires dûës par les conjoints avant le mariage, comme elles n'entrent point en communauté, chacun des conjoints les doit payer, & sur ses biens.

La Communauté est seulement tenuë acquiter les arrerages & interêts desdites dettes qui échéent pendant la Communauté. M. du Plessis. Idem.

Vide le Chapitre suivant.

Conference.

Orleans, Titre 10. Chapitre 2.

Les autres Coûtumes, *vide* Fortin, Ricard, de Ferriere.

CHAPITRE II.

Dettes immobiliaires des Conjoints créées avant le mariage, ne font dettes de Communauté.

N. 210. ARTICLE CCXLIV.

Rente dûë par l'un des Conjoints avant le mariage, rachetée pendant le mariage, est un conquêt de la Communauté.

Quand aucune rente dûë par l'un des conjoints par mariage, ou sur ses heritages, auparavant leur mariage, est rachetée par lesdits deux conjoints, ou l'un deux constant ledit mariage, tel rachapt est reputé conquest.

Vide Article suivant.

N. 211.   ARTICLE CCXLV.

Heritier de celui qui devoit la rente, tenu de la continuer pour moitié.

Et est tenu l'heritier ou detempteur de

l'heritage sujet à la rente, continuer la moitié de ladite rente, & payer les arrerages du jour du decez, jusqu'à l'entier rachapt.

Vide les Remarques cy-dessus, Chapitre 1.

CHAPITRE III.

Donation d'immeubles faite à l'un des conjoints, quand entre en Communauté.

N. 212. ARTICLE CCXLVI.

CHose immeuble donnée à l'un des conjoints pendant leur mariage, à la charge qu'elle sera propre au donataire, ne tombe en communauté. Mais si elle est donnée simplement à l'un des conjoints, elle est commune, fors & excepté les donations faites en ligne directe, lesquelles ne tombent en communauté.

Remarques.

Immeubles donnez, on distingue.
Ou la donation est faite par étrangers, ou par parens.

Par

Par étrangers la donation est acquest, & tombe en communauté, à moins qu'il n'y ait stipulation au contraire.

Par parens on distingue encore.

En ligne directe c'est un propre, & la donation ne tombe en communauté.

En collaterale la donation est acquest & tombe en communauté, à moins qu'il n'y ait stipulation au contraire.

Conference.

Orleans, Tit. 10. Chapitre 3.

Les autres Coûtumes, *vide* Fortin, Ricard, de Ferriere.

CHAPITRE IV.

De l'alienation des propres des conjoints pendant le mariage, & du remploi qui en doit être fait.

N. 213.   ARTICLE CCXXXII.

SI durant le mariage est vendu aucun heritage ou rente propre, appartenant à l'un ou à l'autre des conjoints par mariage, ou si ladite rente est rachetée, le prix de la vente ou rachat est repris sur les biens de la communauté, au profit de celui auquel appartenoit

Q

l'heritage ou rente : encore qu'en vendant n'eût été convenu de remploy ou
recompense : & qu'il n'y ait eu aucune
declaration sur ce faite.

Remarques.

Quand ce sont les propres de la femme qui
ont été alienez.

On distingue ou la femme a consenti à l'a-
lienation de ses propres, ou elle n'y a pas
consenti.

Si l'alienation des propres de la femme a été
faite sans son consentement, la femme peut revendiquer ses propres alienez, même és mains
des tiers acquereurs, art. 226. & la prescription ne peut lui être opposée que du jour
qu'elle a pû agir.

Si au contraire la femme a consenti à l'a-
lienation de ses propres.

On distingue encore.

Ou la femme étoit mineure,

Ou la femme étoit majeure,

Ou la femme étoit separée.

Si la femme étoit mineure elle peut se faire
restituer, & renonçant à la communauté, elle
reprendra ses propres, quoi qu'elle ait consenti à l'alienation d'iceux, à moins que l'a-
lienation n'ait été faite avec les formalitez re-
quises pour la vente des biens des mineurs.

Si lors de l'alienation la femme étoit majeure & qu'elle ait consenti à l'alienation ; en

ce cas le remploy se prend sur les biens de la communauté, & s'ils ne suffisent, le remploy se prend sur les propres du mary.

Si la femme est separée, la femme n'a point d'action pour le remploy de ses propres, à moins qu'elle ne justifie que les deniers ayent tourné au profit du mary.

A l'égard de l'alienation des propres du mary, le remploy s'en fait sur les biens de la communauté: mais les propres de la femme n'en sont jamais tenus, à moins qu'il ne soit justifié que les propres du mary ayent étés vendus pour conserver ou acquitter les propres de sa femme.

Conference.

Orleans, Titre 10. Chap. 3.
Pour les autres Coûtumes, *vide* Fortin, Ricard, de Ferriere.

CHAPITRE V.

Du pouvoir des conjoints pendant le mariage, de l'authorisation de la femme mariée, des separations de biens, & de la marchande publique.

N. 214. ARTICLE. CCXXV.

Le mary pendant le mariage est Seigneur des meubles & conquêts immeubles de la communauté, en peut disposer à sa volonté, par acte, entre-vifs, pourveu qu'il n'y ait fraude.

LE mary est Seigneur des meubles & conquêts immeubles par luy faits durant & constant le mariage de luy & sa femme. En telle maniere qu'il les peut vendre, aliener ou hypothequer, & en faire & disposer par donation ou autre disposition faite entre-vifs à son plaisir & volonté, sans le consentement de sadite femme, à personne capable, & sans fraude.

Remarques.

Article 296. Le mary ne peut difpoſer que de la moitié de la communauté par teſtament.

N. 215. ARTICLE CCXXXIII.

*Le mary eſt le maître des actions mobi-
liaires & poſſeſſoires de ſa femme.*

Le mary eſt Seigneur des actions mobiliaires & poſſeſſoires, poſé qu'elles
procedent du côté de ſa femme : & peut
le mary agir ſeul, & déduire leſdits
droits & actions en jugement ſans ſadite
femme.

N. 216. ARTICLE CCXXVIII.

*Le mary ne peut obliger ſa femme que juſ-
ques à concurrence de ce qu'elle
amande de la communauté.*

Le mary ne peut par contrat & obligation, faite devant ou durant le mariage, obliger ſa femme ſans ſon conſentement, plus avant que juſques à la
concurrence de ce qu'elle, ou ſes heri-

tiers, amandent de la communauté,
pourveu toutefois qu'aprés le decez de
l'un des conjoints, soit fait loyal inventaire, & qu'il n'y ait faute ou fraude
de la part de la femme ou de ses heritiers.

N. 217.　ARTICLE CCXXVI.

*Le mary ne peut disposer du propre de
sa femme si elle n'y consent.*

Le mary ne peut vendre, échanger,
faire partage ou licitation, charger,
obliger, ni hypothequer le propre heritage de sa femme, sans le consentement
de sadite femme, & icelle par luy
authorisée à cette fin.

N. 218.　ARTICLE CCXXVII.

*Mary peut faire baux à loyer des pro-
pres de sa femme pour six ans & neuf
ans, pourveu qu'il n'y ait fraude*

Peut toutefois le mary faire baux à
loyer, ou moison à six ans pour heritages assis à Paris, & à neuf ans pour
heritages assis aux champs, & au dessous, sans fraude.

N. 219.   ARTICLE CCXXIII.

*Contrat de femme mariée , sans l'autorité
& consentement de son mary, est nul.*

La femme mariée ne peut vendre ,
aliener, ni hypothequer ses heritages ,
sans l'autorité & consentement exprés
de son mary. Et si elle fait aucun contrat sans l'autorité & consentement de
sondit mary , tel contrat est nul , tant
pour le regard d'elle , que de sondit
mary , & n'en peut être poursuivie , ni
ses heritiers aprés le decez de sondit
mary.

N. 220.   ARTICLE CCXXIV.

*La femme qui n'est autorisée ni separée
de son mary ne peut ester en
jugement.*

Femme ne peut ester en jugement
sans le consentement de son mary , si
elle n'est autorisée ou separée par justice, & ladite separation executée.

 A R T I C L E CCXXXIV.

*La femme mariée ne peut s'obliger sans
le consentement de son mary, si elle n'est
separée ou marchande publique.*

Une femme mariée ne se peut obliger sans le consentement de son mary,
si elle n'est separée par effet ou marchande publique, auquel cas étant marchande publique, elle s'oblige & son
mary touchant le fait & dépendance de
ladite marchandise publique.

N. 222 A R T I C L E CCXXXV.

*Femme mariée quand est reputée mar-
chande publique.*

La femme n'est reputée marchande
publique pour debiter la marchandise
dont son mary se mêle : mais est reputée marchande publique quand elle fait
marchandise separée, & autre que celle
de son mary.

N. 223.

N. 223. ARTICLE CCXXXVI.

La femme marchande publique peut s'o-
bliger sans son mary touchant le fait de
la marchandise dont elle se mêle.

La femme marchande publique se
peut obliger sans son mary, touchant
le fait & dépendance de ladite marchandise.

Remarques.

Par la Coûtume generale de France, une
femme mariée ne peut valablement s'obliger,
contracter, donner, vendre ni aliener par
quelque acte que ce soit portant alienation de
ses biens, soit devant Notaires, soit sous signature privée, sans être autorisée de son mary;
le mot d'autorisation doit être dans l'acte, autrement l'acte nul : la presence du mary ni son
consentement ne seroient suffisans pour rendre
l'acte valable, il faut que le mot d'autorisée
soit dans l'acte, autrement l'acte nul : c'est la
Jurisprudence des Arrêts.

Il y a cependant plusieurs exceptions.

1. Femme mariée peut valablement s'obliger
sans être autorisée pour sortir son mary de
prison.

2. Pour la dot de sa fille lorsque son mary est
absent.

R

3. Femme mariée marchande publique, faisant un commerce separée de celui de son mary, peut valablement s'obliger sans être autorisée pour le fait de son commerce seulement, & elle oblige son mary.

4. Femme separée a la jouissance & administration de ses biens, peut disposer de ses meubles & du revenu de ses immeubles sans l'autorité de son mary ; mais ne peut aliener le fond de ses immeubles ni les affecter, qu'elle ne soit autorisée.

5. Il n'est pas necessaire d'une autorisation formelle dans les poursuites que la femme fait en justice, lorsque son mary agit conjointement avec elle : mais lorsque le mary n'est point partie en l'instance, il faut que l'autorisation du mary soit expresse, ou que la femme se fasse autoriser par justice.

6. En matiere criminelle, lorsque la femme est accusée il n'est pas necessaire d'autorisation, mais si elle est accusatrice doit être autorisée à cause des dommages & interêts & dépens esquels elle peut succomber.

La Coûtume d'Orleans, Art. 200. porte, *Femme mariée peut intenter & poursuivre en jugement sans son mary, l'injure dite ou faite à elle & aussi peut être convenuë sans son mary pour l'injure qu'elle auroit fait ou dit à aucun.*

7. Le défaut d'autorisation n'annulle que les Contrats desavantageux & préjudiciables à la femme, & non ceux qui luy sont utils & profitables, & ceux qui ont contracté avec une

femme mariée non autorisée, ne peuvent demander de leur chef la nullité des Contrats, il
n'y a que la femme, ou le mary, ou leurs heritiers qui peuvent se plaindre, M. de Ferriere
sur l'Article 223.

M. Ricard sur le même Article, dit, que
celuy qui a contracté avec une femme non autorisée ne peut pas prétendre que le Contrat
soit nul, pourveu que le mary & la femme veulent l'avoir pour agreable, & suppléer à ce qui
manque de formalité : les Loix qui sont faites
en faveur de la femme ne pouvans être retor-
quées contre elle, c'est aussi l'avis de M.
Chopin & Dargentré, *vide* le Commentaire
de M. du Plessis sur l'Article 223.

Mary mineur peut autoriser sa femme majeure, & l'obligation est valable à l'égard de
la femme ; mais si le mary est lezé par cette
obligation & qu'il se fasse relever, la femme
quoi que majeure & autorisée peut pareillement se faire relever. Arrêt du 22. Juin 1673.
rapporté dans le Journal du Palais.

Dans les Coûtumes qui ne prononcent pas la
nullité des Contrats passez par la femme mariée sans être autorisée, M. C. du Moulin est
d'avis que les Contrats sont nuls.

Lorsque le mary refuse d'autoriser sa femme
& qu'elle a des causes legitimes pour s'obliger,
elle peut se pourvoir en Justice pour se faire
autoriser ; mais le mary ne peut être contraint
de l'autoriser.

Il y auroit plusieurs questions importantes à

R ij

traiter fur les autres Articles ; mais la quantité de Commentaires qu'il y a fur la Coûtume,
& la brieveté que je me fuis propofée dans cet
Ouvrage, m'oblige de renvoyer le Lecteur aux
Commentaires. Le feul deſſein que j'ay, eſt de
faire connoître d'un coup d'œil les differentes
matieres qui font decidées par la Coûtume,
par l'ordre & l'arrangement des Articles , &
faire feulement quelques Obfervations qui
peuvent en faciliter l'intelligence.

Conference.

Orleans , Titre 10. Chapitre 4.

Les autres Coûtumes , *Vide* Fortin , Ricard,
de Ferriere.

CHAPITRE VI.

De l'Emancipation des perfonnes mariées

N. 224. A r t i c l e CCXXXIX.

*Mariez mineurs ont l'adminiſtration de
leurs biens , mais ne peuvent engager
leurs immeubles pendant leur minorité.*

H Omme & femme conjoints par
mariage , font reputez ufans de

leurs droits, pour avoir l'administration de leurs biens, & non pour vendre, engager, ou aliener leurs immeubles, pendant leur minorité.

Remarques.

Mineurs émancipez âgez de 20. ans peuvent disposer de leurs meubles, Article 272. de la Coûtume.

A l'égard de leurs immeubles, ils ne peuvent être alienez sans necessité & formalité, qui sont un avis de parens homologué en Justice, publication & apposition d'affiches, adjudication en Justice au plus offrant & dernier encherisseur, autrement la vente nulle ; autrefois il falloit une saisie réelle & criées, & un decret, ce qui ne s'observe plus, étans frais inutils, Brodeau sur M. Loüet, let. a Som. 5. *Vide* l'Arrêt de Reglement du 9. Avril 1630. qui est dans le 1. Journal des Audiances, liv. 2. Chapitre 57.

Ces formalitez sont necessaires, soit que les mineurs, soient en tutelle ou curatelle, soit qu'ils soient émancipez par Lettres du Prince ou par mariage, par quelque charge, dignité ou autre émancipation, la veritable majorité pour disposer de ses immeubles n'est qu'à vingt-cinq ans.

Lorsque les immeubles des mineurs ont été vendus sans les formalitez, si la vente est faite par le Tuteur ou Curateur, ou par le Mineur

émancipé, il est libre au Mineur de se faire restituer, & la seule minorité est suffisante quoy
qu'il n'y ait aucune lezion. M. le Prestre 3.
Centurie, Chap. 42. Chenu question 32. 33.

Si la vente est faite par un faux Tuteur ou un
Mineur non émancipé, la vente est nulle, *ipso
jure.* Il ne faut point de Lettres, le mineur peut
agir par revendication contre les acquereurs &
ceux qui sont en possession de ses immeubles.

Heritier du mineur exerce & entre dans tous
droits & privileges du Mineur, est reçû à revoquer & faire casser les alienations faites des
biens du Mineur tout ainsi, qu'eût pû faire le
Mineur, & si l'heritier est Mineur la prescription ne court contre l'heritier jusqu'à sa majorité.

Mineur qui se fait restituer n'est obligé de
rendre l'argent qui luy a été donné que ce qui
est tourné à son profit, & c'est à l'acquereur de
l'immeuble du Mineur à justifier de l'employ,
& que l'argent a servi à l'utilité du Mineur,
autrement l'acquereur ne peut user de repeti-
tion. M. le Prestre 1. Centurie, Chap. 45.

Immeubles des Mineurs ne peuvent être vendus sans discussion de leurs meubles, à peine de
nullité; on doit faire rendre compte au Tuteur,
& le compte examiné en Justice, & la simple
declaration du Tuteur qu'il n'a aucuns meubles
ne suffit, la discussion se peut faire en tout tems,
pourvû qu'elle soit faite avant la vente : il a
même été jugé que quoique les immeubles du
Mineur ayent été vendus sans discussion préa-

lable de ses meubles, il n'est recevable à s'en
plaindre, à moins qu'il ne justifie qu'il avoit
des meubles suffisans pour payer. M. Loüet,
let. M. Sommaire 15.

Vide le Titre 12. de la Garde-Noble &
Bourgeoise.

Conference.

Orleans, Art. 181. 182. Tit. 9. Chap. 1.

CHAPITRE VII.

*Du partage des biens de la Communauté
aprés le trépas de l'un des Conjoints.*

N. 225.   ARTICLE CCXXIX.

*Biens de la Communauté, comme se di-
visent aprés la mort de l'un des
Conjoints.*

Aprés le trépas de l'un desdits conjoints, les biens de ladite communauté se divisent en telle maniere, que
la moitié en appartient au survivant, &
l'autre moitié aux heritiers du trépassé.

R iiij

N. 226.   A R T I C L E   CCXXX.

La moitié des conquêts eſt propre aux heritiers du trépaſſé.

Laquelle moitié des conquêts avenuë aux heritiers du trépaſſé, eſt le propre heritage deſdits heritiers. Tellement que ſi leſdits heritiers vont de vie à trépas ſans hoirs de leur corps, icelle moitié retourne à leur plus prochain heritier du côté & ligne de celui deſdits mariez, par le trépas duquel leur eſt advenuë ladite moitié : deſquels biens toutefois les pere ou mere, ayeul ou ayeule ſuccedans à leurs enfans, jouïront par uſufruit leur vie durant : au cas qu'il n'y ait aucuns deſcendans de l'acquereur.

Remarques.

L'article 314. porte, les pere & mere jouïſſent par uſufruit des biens delaiſſez par leurs enfans qui ont été acquis par leſdits pere & mere, & par le decez de l'un d'eux advenus à l'un de leurſdits enfans.

Vide le Chap. 13. des Succeſſions.

N. 227.   ARTICLE C XXXI.

Les fruits des heritages propres pendans par les racines, appartiennent à ceux qui succedent aux propres, rembour-sans moitié des labours & semences.

Les fruits des heritages propres, pendans par les racines au tems du trépas de l'un des conjoints par mariage, appartiennent à celui auquel advient ledit heritage, à la charge de payer la moitié des labours & semences.

Remarques.

1. Les biens de la communauté se partagent suivant la Coûtume du lieu où le Contrat de mariage a été passé, s'il n'y a convention au contraire.

2. S'il n'y a pas de Contrat de mariage, la communauté se partage suivant la Coûtume où le mariage a été celebré.

3. L'Article 230. porte, que la moitié des conquêts de la communauté venuë aux heritiers du trépassé est le propre desdits heritiers. Ce qui s'entend tant de la ligne directe que collaterale.

L'Article 303. de la Coûtume d'Orleans le decide en terme precis, & porte, *heritage ac-*

quis est fait propre aux enfans & autres heritiers de l'acquereur aprés son trépas.

Les propres reçoivent plusieurs divisions, propres réels, propres fictifs, propres anciens, propres naissans, propres de ligne, propres qui ne sont d'aucune ligne, propres de communauté, propres de succession.

Vide M. de Renusson traité des propres.
Vide le Chap. 9. des Successions.

Une chose pour être reputée propre, il faut qu'elle soit échûë par succession, ou soit stipulée propre par convention, ou soit subrogée au lieu d'un propre par la disposition de la loy, sans quoy c'est un acquest, & dans le doute on presume qu'elle est acquest, à moins qu'on ne justifie que ce soit un propre.

Vide les Commentateurs.

Conference.

Orleans, Titre 10. Chap. 2. & Titre 17. Chapitre 17.

Les autres Coûtumes, *vide* Fortin, Ricard, de Ferriere.

CHAPITRE VIII.

Du privilege des conjoints Nobles pour le partage des biens de la Communauté après le decez de l'un d'eux.

N. 228. ARTICLE CCXXXVIII.

Le survivant des conjoints Nobles peut prendre les meubles qui font hors de Paris en payant les dettes mobiliaires & funerailles du trépaffé.

Quand l'un des deux conjoints nobles, demeurans tant en la ville de Paris que dehors, & vivans noblement, va de vie à trépas, il eſt en la faculté du ſurvivant de prendre & accepter les meubles étans hors la Ville & Faux-bourgs de Paris ſans fraude : auquel cas, il eſt tenu payer les dettes mobiliaires & les obſeques & funerailles d'icelui trépaſſé, ſelon ſa qualité : pourvû qu'il n'y ait enfans. Et s'il y a enfans, partiſſent par moitié.

Remarques.

1. Il faut qu'il y ait communauté de biens entre les conjoints.

Si par le Contrat de mariage il y a exclusion de communauté, ou que les conjoints ayent contracté mariage dans une Coûtume qui n'admet communauté, ou que lors du decez les conjoints soient separez, le privilege cesse.

2. Le privilege a lieu, quoique les conjoints ayent contracté mariage ailleurs qu'à Paris, pourveu que lors du decez les conjoints ayent leur veritable domicile dans l'étenduë de la Coûtume de Paris

3. Le privilege a lieu sur tous les meubles, quoique scituez dans l'étenduë des autres Coûtumes.

4. Sous le mot de meubles, tous les meubles y sont compris, bestiaux, chevaux, fruits civils, hardes, bagages, & autres. M. du Plessis dit, qu'à l'égard de l'argent monnoyé cela fait du doute ; cependant il est d'avis qu'il doit y être compris, parce que la Coûtume ne fait point de distinction.

5. Les dettes actives de la succession n'y sont comprises.

6. Femme roturiere qui épouse un Gentilhomme jouit du privilege.

7. Survivant qui jouit du privilege, tenu

d'acquitter toutes les dettes mobiliaires du défunt tant celles contractées pendant le mariage
que celles créées avant le mariage, quoique par
le Contrat de mariage il soit stipulé qu'un chacun payera ses dettes avant le mariage, mais
n'est tenu acquitter les dettes immobiliaires.

Pour le surplus, *vide* les Commentateurs.

CHAPITRE IX.

*De la renonciation de la femme à la com-
munauté.*

N. 229. ARTICLE CCXXXVII.

*La femme Noble ou non Noble peut re-
noncer à la communauté.*

IL est loisible à toute femme noble
ou non noble de renoncer (si bon
lui semble) aprés le trépas de son mary,
à la communauté des biens d'entre elle
& sondit mary, la chose étant entiere :
Et en ce faisant demeurer quitte des dettes mobiliaires dûës par sondit mary
au jour de son trépas, en faisant faire
bon & loyal inventaire.

Remarques.

La femme aprés le decez de son mary a la liberté de renoncer à la communauté qui a été entre elle & son mary sous deux conditions. La premiere en renonçant à la communauté, les choses étans entieres. La seconde en faisant faire bon & loyal inventaire.

Les choses étans entieres, c'est à dire, que la femme n'ait point fait acte de commune ou agi comme commune, n'ait point soustrait, n'ait point disposé de quelqu'uns des effets de la communauté.

L'inventaire loyal & fidel qu'elle est obligée de faire. L'Ordonnance de 1667. Titre 7. des délais pour deliberer porte, que la veuve & heritiers d'un deffunt ont trois mois pour faire inventaire, & quarante jours pour déliberer. La Coûtume de Paris n'ayant point fixé de tems pour faire Inventaire, & l'Ordonnance ayant déterminé le tems à trois mois pour faire Inventaire, il semble que c'est le tems requis pour faire Inventaire, & losque la veuve a laissé écouler ce tems sans faire Inventaire, sans quelque legitime empêchement, ou avoir commencé son Inventaire, on peut dire que son dessein a été d'accepter la communauté, qu'elle a fait acte de commune, & qu'elle n'est plus recevable à renoncer, c'est le sentiment de plusieurs Docteurs, & notamment celui de M. de Renusson dans son Traité de la Com-

munauté seconde partie, Chap. 1. n. 21. & suivans.

Il rapporte cependant un Arrêt du 16. Fevrier 1679. qui est dans le 4. Tome du Journal
des Audiances, qui a reçû une veuve à renoncer à la communauté aprés 16. années, quoi
qu'elle n'eût fait Inventaire. Cela dépend des
circonstances, on auroit besoin d'une décision
formelle pour fixer sur ce point une Jurisprudence certaine.

Vide le Chapitre suivant & les Remarques.

Conference.

Orleans Titre 10. Chapitre 6.

Les autres Coûtumes, *vide* Fortin, Ricard,
de Ferriere.

CHAPITRE X.

*De la continuation de communauté faute
d'Inventaire, & du partage da la
continuation de communauté.*

N. 230.   ARTICLE CCXL.

*Aprés le decez de l'un des conjoints, le
survivant qui neglige de faire Inventaire valable, les enfans peuvent demander continuation de communauté.*

Quand l'un des deux conjoints par
mariage va de vie à trépas, & de-
laisse aucuns enfans mineurs dudit mariage, si le survivant des deux conjoints
ne fait faire Inventaire, avec personne
capable & legitime contradicteur des
biens qui étoient communs durant ledit
mariage, & au tems du trépas, soit
meubles ou conquêts immeubles, l'enfant, ou enfans survivans, peuvent si
bon leur semble, demander communauté en tous les biens, meubles, & conquêts immeubles du survivant ; posé
qu'icelui survivant se remarie.

N. 231

N. 231.   Article CCXLI.

Pour dissoudre la communauté il faut que
l'Inventaire soit clos trois mois aprés
qu'il a été fait.

Et pour la dissolution de la communauté, faut que ledit Inventaire soit fait & parfait, & à la charge de faire clorre ledit Inventaire par le survivant, trois mois aprés qu'il aura été fait : Autrement & à faute de ce faire par le survivant, est la communauté continuée si bon semble aux enfans.

N. 232.   Article CCXLII.

Partage de la continuation de commu-
nauté lorsque le survivant se
remarie.

Si le survivant se remarie, ladite communauté est continuée entre-eux pour un tiers. Tellement que les enfans ont un tiers, le mary & la femme chacun un autre tiers : Et si chacun d'eux a enfans d'autre precedent mariage, ladite

S

communauté se continuë par quart, &
est ladite communauté multipliée, s'il
y avoit d'autre lits, & se partit également. En sorte que les enfans de chacun mariage ne font qu'un chef en ladite communauté. Le tout au cas qu'ils
n'eussent fait Inventaire comme dessus
est dit.

N. 233. ARTICLE CCXLIII.

Lorsqu'il y a continuation de commu-
nauté, le survivant des enfans prend
autant lui seul que si tous les enfans
vivoient.

Si aucuns des enfans qui ont continué la communauté meurt, ou tous,
fors un, les survivans, ou survivant d'i-
ceux enfans, continuent ladite communauté, & prennent autant que si tous
lesdits enfans étoient vivans.

Remarques.

La Coûtume a introduit deux peines contre
les pere ou mere survivans qui ont des enfans
mineurs & ne font Inventaire fidel des biens
de la communauté.

La premiere, les enfans peuvent si bon leur semble demander continuation de communauté.

La seconde, quand il y a continuation de communauté, la part & portion de l'enfant qui decede appartient à ses freres & sœurs, & le pere ou la mere survivant en est exclus & n'y peut rien pretendre qu'aprés la mort de tous les enfans.

L'Inventaire pour dissoudre la continuation de communauté peut cependant estre fait en tout tems. Quand il est fait dans les trois mois du decez a un effet retroactif au jour du decez. Quand il est fait aprés les trois mois est valable de ce jour pour dissoudre la continuation de communauté ; mais jusqu'à ce jour les enfans peuvent demander continuation de communauté, & les enfans heritent les uns des autres jusqu'à ce jour, à l'exclusion du pere ou de la mere survivant,

Dans la Coûtume de Paris il faut que l'Inventaire soit clos trois mois aprés qu'il a été fait pour empêcher la continuation de communauté. Dans les autres Coûtumes qui n'ont une pareille disposition, cette formalité n'est point necessaire.

L'Inventaire doit être fait sans fraude presence de l'heritier, ou en son absence, en presence du Procureur du Roy ou son Substitud. Si les enfans sont Mineurs faut élire un Tuteur ou Curateur à l'effet de l'Inventaire. Quand il n'y a meubles, la veuve pour se décharger

S ij

des dettes doit faire transporter un Notaire
en la maison & en presence des domestiques
& voisins, se faire donner acte comme le défunt n'a laissé aucuns effets.

L'Article 216. de la Coûtume d'Orleans
porte, que les Collateraux peuvent demander continuation de communauté, ce qui n'est
observé à Paris, & n'a lieu que dans les Coûtumes qui ont une disposition pareille à la
Coûtume d'Orleans.

Conference.

Orleans, Titre 10. Chapitre 7.

Les autres Coûtumes, *vide* Fortin, Ricard,
de Ferriere.

Le Titre 11. de la Coûtume d'Orleans traite
des societez & communauté de biens entre
étrangers.

Vide cette Coûtume à ce sujet.

¥¥¥¥¥¥¥¥¥¥¥¥¥¥¥¥¥¥¥¥¥¥¥¥

TITRE XI.
Du Doüaire.

CHAPITRE I.

Doüaire coûtumier, & en quoi il consiste.

N. 234. ARTICLE CCXLVII.

*Doüaire coûtumier est dû à la femme,
quoi qu'il n'ait été stipulé.*

FEMME mariée est doüée de doüaire
coûtumier : Posé que par exprés,
au traité de son mariage ne lui eût été
constitué, ni octroyé aucun doüaire.

Vide l'Article 261. cy-aprés.

N. 236. ARTICLE CCXLVIII.

Doüaire coûtumier, en quoi consiste.

Doüaire coûtumier est de la moitié
des heritages, que le mary tient & pos-

sede au jour des épousailles, & benediction nuptiale : & de la moitié des
heritages qui depuis la consommation
dudit mariage, & pendant icelui, é-
chéent & adviennent en ligne directe
audit mary.

N. 236. ARTICLE CCXLIX.

Doüaire coûtumier est le propre des en-
fans, & les pere & mere ne le peuvent
engager au préjudice des enfans.

Le doüaire coûtumier de la femme,
est le propre heritage des enfans venans
dudit mariage : En telle maniere, que
les pere & mere desdits enfans, dés
l'instant de leur mariage, ne le peuvent
vendre, engager, ni hypothequer au
préjudice de leurs enfans.

Vide les Chapitres suivans & les Remarques
cy-aprés.

CHAPITRE II.

Du doüaire Presix.

N. 237.   ARTICLE CCLV.

Doüaire Presix est le propre des enfans.

LE doüaire constitué par le mary, ses parens ou autres de par lui, est le propre heritage aux enfans issus dudit mariage : Pour d'icelui joüir aprés le trépas de pere & mere incontinent que doüaire a lieu.

N. 238.   ARTICLE CCLXI.

Femme doüée de doüaire Presix ne peut demander le coûtumier s'il ne lui est permis par son traité de mariage.

Femme doüée de doüaire presix, ne peut demander doüaire coûtumier, s'il ne lui est permis par son traité de mariage.

Vide le Chap. cy-dessus & les suivans.

CHAPITRE III.

Doüaire coûtumier ou prefix n'eſt que viager au profit de la femme, s'il n'y a Contrat au contraire.

N. 239. ARTICLE CCLXIII.

LE doüaire, ſoit en eſpece, rente, ou deniers, promis à une femme, n'eſt qu'à la vie de la femme tant ſeulement : s'il n'y a enfans nez & procréez du mariage. Et doit tel doüaire aprés le trépas de la femme revenir aux heritiers du mary, s'il n'y a contrat au contraire.

Vide les Remarques cy-aprés.

CHAPITRE IV.

Contre-lettres faites hors la preſence des parens qui ont aſſiſté au Contrat de mariage, ſont nulles.

N. 240. ARTICLE CCLVIII.

Toutes contre-lettres faites à part, & hors la preſence des parens, qui ont

ont assisté aux contrats de mariage,
sont nulles.

CHAPITRE V.

*Doüaire coûtumier ou prefix saisit sans
demande.*

N. 241.   ARTICLE CCLVI.

Doüaire, soit coûtumier ou prefix,
saisit sans qu'il soit besoin de le
demander en jugement. Et courent les
fruits & arrerages du jour du decez du
mary.

CHAPITRE VI.

*Caution que la femme est tenüe donner
pour jouir de son doüaire, & des reparations esquelles elle est obligée.*

N. 242.   ARTICLE CCLXIV.

*Caution que la femme est tenüe donner
pour jouir de son doüaire.*

ET au cas que ladite femme ne se
remarie, aura délivrance de sondit

T

doüaire à ſa caution juratoire. Mais ſi
elle convole en autre mariage, ſera
tenuë bailler bonne & ſuffiſante caution.

N. 243.   A R T I C L E   CCLXII.

Doüairiere tenuë des reparations d'en-
tretenemens.

La femme qui prend doüaire coûtumier, eſt tenuë entretenir les heritages
de reparations viageres, qui ſont toutes reparations d'entretenemens, hors
les quatre gros murs, poutres, & entieres couvertures & voutes.

Vide les Articles cy-aprés & les Remarques.

CHAPITRE VII.

Doüaire, comment se partage entre enfans, & à quel titre les enfans peuvent demander le doüaire, & s'ils sont tenus des dettes.

N. 244. ARTICLE CCL.

Doüaire appartient aux enfans sans aucune charge de dettes, & se partit entre-eux sans prerogative d'aînesse.

SI les enfans venans dudit mariage, ne se portent heritiers de leur pere, & s'abstiennent de prendre sa succession : En ce cas ledit doüaire appartient ausdits enfans, purement & simplement, sans payer aucunes dettes, procedantes du fait de leur pere, créées depuis leur mariage. Et se partit le doüaire, soit prefix ou coûtumier, entre-eux, sans droit d'aînesse ou prerogative.

 ARTICLE CCLI.

Enfans ne peuvent être heritiers & doüai-
riers ensemble.

. Nul ne peut être heritier & doüai-
rier ensemble, pour le regard de doüaire
coûtumier ou prefix.

 ARTICLE CCLII.

Enfans qui veulent avoir doüaire, doi-
vent restituer les avantages qu'ils ont
reçûs ou moins prendre.

Celui qui veut avoir le doüaire, doit
rendre & restituer ce qu'il a eû & reçû
en mariage, & autres avantages de son
pere, ou moins prendre sur le doüaire.

 ARTICLE CCLIII.

Doüaire coûtumier, comment se regle
lorsqu'il y a des enfans de plusieurs
lits.

Quand le pere a été marié plusieurs
fois, le doüaire coûtumier des enfans

du premier lit, est la moitié des immeubles qu'il avoit lors dudit premier mariage, & qui lui sont avenus pendant icelui mariage, en ligne directe. Et le doüaire coûtumier des enfans du second lit, est le quart desdits immeubles . ensemble moitié tant de la portion des conquêts appartenans au mary, faits pendant ledit premier mariage, que des acquêts par lui faits depuis la dissolution dudit premier mariage . jusques au jour de la consommation du second, & la moitié des immeubles qui lui échéent en ligne directe pendant ledit second mariage. Et ainsi consequemment des autres mariages.

N. 248. ARTICLE CCLIV.

Doüaire coûtumier n'augmente au profit des enfans du second lit par le decez des enfans du premier lit.

Si les enfans du premier mariage meurent avant leur pere, pendant le second mariage, la veuve & autres enfans dudit second mariage les survivans, n'ont que tel doüaire qu'ils euſſent eû, ſi les enfans dudit premier mariage étoient vivans. Tellement que par la mort des enfans dudit premier mariage, le doüaire de la femme & enfans dudit ſecond mariage, n'eſt augmenté. Et ainſi conſequemment des autres mariages.

N. 249.　ARTICLE CCLIX.

Doüaire d'une ſomme de deniers payée aux enfans eſt mobilier en leur ſucceſſion, & y ſuccedent les heritiers mobiliers.

Doüaire d'une ſomme de deniers pour une fois payer venuë aux enfans, eſt reputé mobilier, & perd ſa nature de doüaire, & y ſuccedent les plus proches heritiers mobiliers.

Vide les Remarques cy-aprés.

CHAPITRE VIII.

*Doüaire prefix de la femme, comment se
paye quand il y a don mutuel &
communauté.*

N. 250.   Article CCLVII.

*Quand il y a don mutuel, la femme prend
son doüaire sur les biens du mary
sans diminution du don mutuel.*

LA femme doüée de doüaire prefix
d'une somme de deniers pour une
fois, ou d'une rente, si durant le mariage est fait don mutuel, joüit aprés
le trépas de son mary par usufruit de
la part des meubles & conquêts de
sondit mary : Et sur le surplus des
biens dudit mary prend sondit doüaire, sans aucune diminution, ni confusion.

Vide Art. suivant.

R iiij

N. 251.   A R T I C L E CCLX.

La femme est payée de son doüaire prefix
sur la part du mary sans confusion
de la communauté.

Doüaire prefix, soit en rentes ou deniers, se prend sur la part du mary ;
sans aucune confusion de la communauté, & hors part.

C H A P I T R E IX.

Prescription concernant le doüaire quand
commence à courir.

N. 252.   A R T I C L E CXVII.

EN matiere de doüaire la prescription commence à courir du jour du
decez du mary seulement entre âgez,
& non privilegiez.

Remarques sur le doüaire.

Les Coûtumes sont differentes au sujet du
doüaire : les unes veulent que le doüaire soit

de la moitié des biens propres du mary ; les autres qu'il soit seulement du tiers , d'autres veulent que la femme n'ait point de doüaire s'il n'est convenu par le Contrat de mariage.

Dans la Coûtume de Paris il y a deux sortes de doüaire , l'un coûtumier , l'autre prefix ,

L'un & l'autre est toûjours propre aux enfans, en sorte que les pere & mere ne le peuvent vendre, engager, ni hypothequer au préjudice des enfans, & les enfans renonçans à la succession de leur pere & mere , bien fondez à revendiquer és mains des tiers acquereurs les choses sujettes au doüaire , & la prescription ne commence à courir contre eux que du jour du decez du pere.

On peut cependant stipuler le doüaire prefix sans retour au profit de la femme, lorsqu'il n'y a point d'enfans ou que les enfans se portent heritiers de leur mere , mais s'il y a enfans, & que les enfans renoncent à la succession de leur pere & mere , & demandent doüaire , en ce cas la stipulation est inutile , & le doüaire n'est que viager au profit de la femme.

Dans la Coûtume d'Orleans , art. 220. On peut stipuler le doüaire sans retour au profit de la femme quoi qu'il y ait enfans, le doüaire n'est point propre aux enfans dans cette Coûtume , & les pere & mere en peuvent disposer à leur volonté , sans que les enfans puissent se plaindre.

Vide les decisions de cette Coûtume que j'ay mise en son ordre naturel.

Pour le surplus, *vide* les Commentateurs &
le Traité du doüaire de M. de Renuſſon.

Conference.

Orleans, Titre 13.

Les autres Coûtumes, *vide* Fortin, Ricard,
de Ferriere.

TITRE XII.

De la Garde-noble, & Bourgeoise.

CHAPITRE I.

De ceux qui ont droit d'avoir la garde-noble, & Bourgeoise.

N. 253.   ARTICLE CCLXV.

Pere, mere, ayeul, & ayeule nobles ont droit d'avoir la garde de leurs enfans.

IL est loisible aux pere, mere, ayeul ou ayeule nobles, demeurans dedans la ville de Paris, ou dehors, accepter la garde-noble de leurs enfans aprés le trépas de l'un d'eux.

N. 254. ARTICLE CCLXVI.

Pere & mere Bourgeois peuvent pareillement avoir la garde de leurs enfans.

Pareillement est permis aux pere & mere Bourgeois de Paris, prendre & accepter la garde bourgeoise, & administration de leurs enfans mineurs : aprés le decez de l'un d'eux.

CHAPITRE III.

Charges & avantages de la garde noble & Bourgeoise, & à quoi sont tenus les Gardiens.

N. 255. ARTICLE CCLXVII.

Gardiens Nobles ou Bourgeois ont l'administration des meubles des mineurs, & gagnent les fruits de leur immeubles en les entretenans & payans leur dettes.

LE gardien noble demeurant hors la ville de Paris, ou dans la Ville

& Faux-bourgs d'icelle, & pareillement le gardien bourgeois, a l'administration des meubles, & fait les fruits siens durant ladite garde, de tous les immeubles, tant heritages que rentes appartenans aux mineurs, assis en la Ville ou dehors : à la charge de payer & acquitter par ledit Gardien les dettes & arrerages des rentes que doivent lesdits mineurs : Les nourrir, alimenter, & entretenir selon leur état & qualité. Payer & acquitter les charges annuelles, que doivent lesdits heritages. Et iceux heritages entretenir de toutes reparations viageres. Et enfin desdites gardes rendre lesdits heritages en bon état,

Vide, Art. 46. & 238.

N. 256.   ARTICLE CCLXIX.

La garde doit être acceptée en jugement, les Gardiens tenus faire inventaire, & le Gardien Bourgeois doit donner caution.

La garde noble ou Bourgeoise, se doit accepter en jugement : & est tenu le gardien noble ou bourgeois, faire faire inventaire, Et outre, celui qui a la garde bourgeoise, doit bailler caution.

CHAPITRE III.

Garde - Noble & Bourgeoise, jusqu'à quel âge dure.

N. 257. ARTICLE CCLXVIII.

Quand finissent lesdites gardes.

LA garde noble dure aux enfans mâles, jusqu'a vingt-ans, & aux femelles jusqu'à quinze ans accomplis. Et la garde bourgeoise dure aux enfans mâles, jusqu'à quatorze ans, & aux femelles, jusqu'à douze ans finis & accomplis. Le tout pourveu que lesdits pere & mere, ayeul ou ayeule, ne se remarient. Auquel cas la garde est finie.

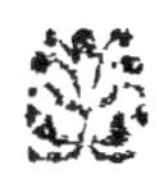

CHAPITRE IV.

*Des Tuteurs & Curateurs qui doi-
vent être élûs aux Mineurs
pendant la garde.*

N. 258.   ARTICLE CCLXX.

*Tuteurs & Curateurs doivent être élûs
aux Mineurs pendant la garde, lors
qu'il s'agit de l'aliénation de leurs
immeubles.*

PEndant ladite garde-noble ou Bourgeoise, sont élûs tuteurs ou curateurs ausdits mineurs si besoin est, pour
intenter, défendre, & déduire les actions réelles & personnelles, autres
que pour les fruits & revenus, échus
pendant ladite garde. Et lesdits gardiens
n'étans tuteurs, ne les peuvent intenter & deduire.

N. 259. ARTICLE CCLXXI.

Gardiens peuvent être élûs Tuteurs & Curateurs aux Mineurs.

Celui qui a la garde noble ou bourgeoise, peut être Tuteur ou Curateur,
& sont les deux qualitez compatibles
en une même personne.

Conference.

Orleans, Titre 9. Chap. 1.
Les autres Coûtumes, *vide* Fortin, Ricard,
de Ferriere.

Remarques.

En la Coûtume d'Orleans, Art. 23. la garde
Noble ou non Noble est defferée de plain droit
aux pere, mere, ayeul, ou ayeule de leurs
enfans, ou petits enfans Mineurs, il n'est besoin
d'aucun acte, declaration ni acceptation de
leurs part sont saisis de cette qualité par la
Coûtume, il leur est libre cependant de refu-
ser cette qualité en faisans dans la quinzaine,
à compter du jour qu'ils en sont saisis, leur
declaration au Greffe qu'ils ne veulent être
Gardiens, & dans la huitaine ensuivant faisans
élire à leur frais des Tuteurs ou Curateurs à
leurs mineurs, à laquelle charge ils peuvent
être élûs.

La

La Coûtume de Paris en difpofe autrement. La garde doit être acceptée en jugement. Il y a des Coûtumes qui veulent que la garde foit acceptée dans trente jours, d'autres donnent trois mois.

La Coûtume de Paris n'ayant point fixé de tems, la commune opinion eft que l'acceptation de la garde peut être faite tant que la garde dure.

Vide les Commentateurs & le Traité de M. de Renuffon de la garde Noble & Bourgeoife.

TITRE XIII.

Des Donations & Don mutuel.

CHAPITRE I.

Des donations entre vifs, & celles repu-
tées à cause de mort ; des personnes qui
peuvent donner, & des choses dont
on peut disposer.

N. 260. ARTICLE CCLXXII.

Les Majeurs de vingt-cinq ans peuvent
disposer entre vifs de tous leurs biens,
& les Mineurs âgez de vingt ans,
mariez ou émancipez peuvent disposer
de leur meubles.

IL est loisible à toute personne âgée
de vingt-cinq ans accomplis, &
saine d'entendement, donner & disposer par donation & disposition faite

entre vifs, de tous ses meubles & heritages propres, acquêts & conquêts, à personne capable. Et neanmoins celui qui se marie, ou qui a obtenu benefice d'âge entheriné en justice, peut ayant l'âge de vingt ans accomplis, disposer de ses meubles.

Vide Art. suivant & le 239. & les Remarques.

N. 261.   ARTICLE CCLXXVI.

Les Mineurs & ceux qui sont en puis-sance d'autry, ne peuvent donner à leurs Tuteurs & Pedagogues, ni à leurs en-enfans.

Les mineurs & autres personnes étans en puissance d'autruy, ne peuvent don-ner ou tester directement, ou indirecte-ment, au profit de leurs tuteurs, cura-teurs, pedagogues, ou autres adminis-trateurs, ou aux enfans desdits admi-nistrateurs, pendant le tems de leur administration : & jusqu'à ce qu'ils ayent rendu compte. Peuvent toute-fois disposer au profit de leur pere,

V ij

mere, ayeul, ou ayeule, ou autres afcendans, encore qu'ils foient de la qualité fufdite : Pourvû que lors du teftament & decez du teftateur, lefdits pere,
mere, ou autres afcendans, ne foient
remariez.

Vide Article fuivant.

N. 262. ARTICLE CCLXXVII.

Donations entre vifs faites par perfonnes malades, de la maladie dont ils de-cedent reputées à caufe de mort.

Toutes donations, encore qu'elles
foient conçûës entre vifs, faites par
perfonnes giffans au lit malades de la
maladie dont ils decedent, font reputées faites à caufe de mort, & teftamen-
taires, & non entre vifs.

Vide les Remarques cy aprés.

N. 263. ARTICLE CCLXXIII.

Donner & retenir ne vaut.

Donner & retenir ne vaut.

Vide les 2. Articles fuivans.

N. 264. ARTICLE CCLXXIV.

Ce que c'est que donner & retenir.

C'est donner & retenir, quand le donateur s'est reservé la jouïssance de disposer librement de la chose par lui donnée, ou qu'il demeure en possession, jusqu'au jour de son decez.

Vide l'Article suivant.

N. 265. ARTICLE CCLXXV.

Explication, quand ce n'est donner & retenir.

Ce n'est donner & retenir, quand l'on donne la propriété d'aucun heritage, retenu à soy l'usufruit à vie ou à tems : ou quand il y a clause de constitut ou precaire : Et vaut telle donation.

Remarques.

Donations de deux sortes ; les unes entre vifs, les autres à cause de mort.

Donations entre vifs sont celles qui ont pour motif un pur principe de liberalité avec intention determinée, de gratifier un autre de son vivant d'une partie ou du total de ses biens, sans pouvoir revoquer la donation : cette donation doit être acceptée & insinuée.

La donation à cause de mort au contraire a pour objet de gratifier quelqu'un d'une partie de ses biens pour en jouir seulement aprés le decedsdu donateur. Cette donation doit être acceptée ; mais est revocable, *ad nutum*, comme les testamens, & n'a besoin d'insinuation.

Les Docteurs sont partagez sur la question ; si dans la Coûtume de Paris on peut faire des donations à cause de mort sans y observer les formalitez des testamens.

On convient que dans le païs de Droit écrit, & même en quelques Coûtumes les donations à cause de mort sont en usage : mais à Paris cela fait beaucoup de difficulté.

Un grand nombre de Docteurs & des plus éclairez sont d'avis, que dans la Coûtume de Paris on ne peut donner à cause de mort qu'en observant les formalitez du testament.

Pour l'opinion contraire, on dit, que si la donation qualifiée pour cause de mort est faite par personne en santé, la donation est valable, quoi qu'elle ne soit pas revétüe des formalitez des Testamens.

Si au contraire la donation qualifiée à cause de mort est faite par personne malade ; la donation est nulle, si elle n'est revétüe des formalitez des Testamens.

C'eſt la diſtinction que M. Blondeau & Gueret
ont faite ſur l'Arrêt du 18. Février 1668. rapporté dans le nouveau Journal du Palais ſur
la queſtion, ſi dans la Coûtume de Paris on
peut faire des donations à cauſe de mort, qui ne
ſoient pas revêtües des formalitez des Teſtamens.

M. Ricard dans ſon Traité des donations
entre-vifs, n° 117. & ſuivans, eſt d'avis que
les donations faites par les Novices ſur le point
d'entrer en Religion & faire Profeſſion, quoique
conçües entre-vifs, doivent être reputées à
cauſe de mort.

La donation d'une ſomme, ou d'une partie de
ſes biens à prendre après ſon deceds, lors qu'elle
eſt, *rei univerſalis*, a été jugée valable. M. de
Ferriere dans ſon Commentaire ſur la Coûtume de Paris, Art. 274. en rapporte pluſieurs
Arrêts.

L'Ordonnance de 1539. Art. 132. 133. & la
Declaration du Roy du mois de Février 1549
donnée en interpretation, font mention des
donations à cauſe de mort.

L'Article 277. de la Coûtume de Paris re-
pute encore les donations entre vifs faites par
perſonnes malades de la maladie dont elles
decedent à cauſe de mort.

Il eſt donc vray qu'il y a des donations à
cauſe de mort, & que ces donations ſont valables lors qu'elles ſont faites en ſanté, quoique les formalitez des Teſtamens n'ayent pas
été obſervées.

La difficulté n'eſt que de ſçavoir ſi on peut

faire des donations à cause de mort lorsqu'on est malade.

C'est une maxime certaine qu'on peut faire une donation entre vifs, quoy qu'on soit malade de corps, pourveu que ce ne soit pas une maladie qui ait trait à la mort, & que le donateur ne decede de la maladie dont il étoit atteint lors de donation.

Mais si le malade decede, c'est le point de la difficulté ; sçavoir, si cette donation est nulle, ou si elle peut valoir comme donation, à cause de mort.

M. Ricard, du Plessis, le Maistre & plusieurs autres, tiennent indistinctement que la donation est nulle, quoy que les formalitez de la donation entre vifs ayent estez observées, que cette donation ne peut valoir comme donation entre vifs, puisque le malade est decedé de la maladie dont il étoit atteint lors de la donation, qu'elle ne peut valoir aussi comme donation à cause de mort, les formalitez du Testament n'ayans pas estez observées.

M. de Ferriere sur l'Article 277. n. 41. & suivans, est d'avis en ce cas, que la donation doit valoir comme donation à cause de mort, & que la donation est reductible à ce que le donateur pouvoit disposer par Testament, il en rapporte plusieures raisons & autoritez.

M. Blondeau & Gueret semblent être de cet avis dans l'Arrêt du 18. Février 1668. qui est le Journal du Palais. On auroit besoin d'une decision formelle pour fixer sur ce point

une

une Jurifprudence certaine.

S'il eſt permis de prendre party, il ſemble qu'on peut faire les diſtinctions ſuivantes.

1. La donation qualifiée à cauſe de mort faite en ſanté eſt valable. L'acceptation eſt neanmoins neceſſaire pour la validité de cette donation ; mais il n'eſt beſoin d'inſinuation. Cette donation eſt revocable, *ad nutum*, comme les Teſtamens. C'eſt le ſentiment de Mr. l'Avocat General Bignon, dans l'Arrêt du 21. Fevrier 1639. qui eſt dans le 1. Tome du Journal des Audiances. C'eſt celui de M. Blondeau & Gueret ſur l'Arrêt du 18. Fevrier 1668.

2. La donation qualifiée à cauſe de mort, faite par une perſonne malade eſt nulle, à moins que les formalitez du Teſtament n'ayent été obſervées.

3. La donation qualifiée entre vifs faite par une perſonne malade qui revient en convaleſcence. Les formalitez de la donation entre vifs ayans été obſervées, doit être executée comme donation entre vifs, le donateur peut cependant obtenir lettres pour être reſtitué contre la donation, ayant donné dans la penſée de la mort. C'eſt le ſentiment de M. du Pleſſis : mais il ne peut demander cette reſtitution lorſque la donation eſt faite en ſanté.

4. La donation qualifiée entre vifs faite par une perſonne malade, qui decede de la maladie dont elle étoit atteinte. Lors de la donation les formalitez de la donation entre vifs ayans été obſervées doit valoir comme donation

à cause de mort, pourveu que ce ne soit pas
de ces maladies qu'on juge mortelles ou avoir
trait à la mort, qu'il y ait quelque intervalle
entre la donation & le decez, & qu'il n'y ait
presomption de fraude.

Vide l'Arrêt du 18. Fevrier 1668. qui est
dans le Journal du Palais.

Pour les autres questions concernans les donations, *vide* les Chapitres suivans & les Commentateurs.

Conference.

Orleans, Titre 15. Chapitre 1.

Les autres Coûtumes, *vide* Fortin, Ricard,
de Ferriere.

CHAPITRE II.

Avantages que les conjoints peuvent se faire lorsqu'ils ont enfans.

N. 266. Article CCLXXXI.

Pere & mere marians leurs enfans peuvent convenir que le survivant joüira de la part du predecedé dans les biens de la communauté.

PEre & mere marians leurs enfans, peuvent convenir, que leursdits enfans laisseront joüir le survivant de leursdits pere & mere, des meubles & conquêts du predecedé, la vie durant du survivant, pourveu qu'ils ne se remarient. Et n'est reputé tel accord avantage entre lesdits conjoints.

Remarques.

1. La stipulation ne peut être faite que par le Contrat de mariage des enfans, M. du Plessis sur cet Article.

M. de Ferriere est d'avis que cette convention peut encore être faite dans les donations que les pere & mere font à leurs enfans en avancement d'hoirie.

2. Cette convention doit être faite par les pere & mere conjointement, & la stipulation par un seul seroit inutile.

3. La stipulation faite avec un des enfans doit être faite subséquemment avec les autres, autrement s'il y a un des enfans qui demande partage, soit parce que la stipulation n'a pas été faite avec lui, soit parce qu'il n'a pas encore été marié ; en ce cas ceux avec qui la stipulation a été faite peuvent pareillement demander partage, en rapportant moitié de ce qui leur a été donné en dot, *vide* M. du Plessis & de Ferriere sur cet Article.

4. La stipulation ne peut être faite par les pere & mere que lorsqu'il y a communauté de biens entre-eux, & n'a lieu que sur les biens qui composent la communauté.

La stipulation pour la jouissance des propres est nulle, & si le survivant des conjoints se remarie, la stipulation devient caducque.

5. L'Article 181. n'a lieu dans les Coûtumes qui n'ont une disposition pareille, & les enfans peuvent se faire relever de la stipulation qui en auroit été faite.

Pour le surplus, *vide* les Commentateurs & le Chapitre suivant.

CHAPITRE III.

Avantages que les conjoints peuvent se faire lorsqu'ils n'ont enfans, & du don mutuel.

N. 267. ARTICLE CCLXXX.

Conjoints par mariage de quoy peuvent se faire don mutuel.

HOmme & femme conjoints par mariage, étans en santé, peuvent & leur loist, faire donation mutuelle l'un à l'autre également de tous leurs biens, meubles & conquêts immeubles, faits durant & constant leur mariage, & qui sont trouvez à eux appartenir, & être communs entre-eux à l'heure du trépas du premier mourant desdits conjoints : pour en joüir par le survivant d'iceux conjoints sa vie durant seulement, en baillant par lui caution suffisante de restituer lesdits biens aprés son trépas : pourveu qu'il n'y ait enfans, soit des deux conjoints, ou de l'un

X iij

d'eux lors du decez du premier mourant.

N. 268. ARTICLE CCLXXXII.

*Conjoints par mariage ne se peuvent
avantager que par don mutuel.*

Homme & femme conjoints par
mariage, constant icelui, ne se peuvent
avantager l'un l'autre par donation faite
entre-vifs, par testament ou ordonnance de derniere volonté, ni autrement,
directement ni indirectement, en quelque maniere que ce soit, sinon par don
mutuel, tel que dessus.

Vide Article 281. & les Remarques.

N. 269. ARTICLE CCLXXXIII.

*Conjoint ayant enfans ne peut donner
aux enfans de l'autre conjoint.*

Ne peuvent lesdits conjoints donner
aux enfans l'un de l'autre d'un premier
mariage : au cas qu'ils, ou l'un d'eux,
ayent enfans.

Remarques.

Don mutuel ne peut être fait que par acte entre-vifs, passé devant Notaires, & ne peut être fait par Testament. Pour la validité d'icelui les conjoints ne doivent être malades d'une maladie qui ait trait à la mort. Le don mutuel doit être insinué, & jusques à ce qu'il soit insinué, l'une ou l'autre des parties peuvent le revoquer. L'insinuation peut cependant être faite en tout tems, pourveu que ce soit du vivant des conjoints. Les Arrêts ont même jugez que la femme a quatre mois après le decez de son mary, pour faire faire l'insinuation. Le mot d'acceptant n'est pas absolument necessaire dans l'acte pour la validité du don mutuel. Plusieurs sont d'avis qu'il n'est besoin que la femme soit autorisée en termes formels pour la validité : Cependant plus à propos de faire l'un & l'autre.

Vide le Chapitre suivant.

Vide M. Ricard, du Plessis, & le Maistre, sur ces Articles.

Conference.

Orleans, Titre 15. Chapitre 4.

Les autres Coûtumes, *vide* Fortin, Ricard, de Ferriere.

X iiij

CHAPITRE IV.

De l'insinuation du don mutuel, & de la caution que le donataire mutuel est tenu donner, pour joüir des fruits & de la nouvelle prisée que l'heritier peut demander des meubles.

N. 270. ARTICLE CCLXXXIV.

Don mutuel ne saisit pour être valable, doit être insinué, & aprés l'insinuation n'est revocable que du consentement des conjoints.

UN don mutuel de soy ne saisit ; ains est sujet à délivrance. Et pour être valable doit être insinué dans les quatre mois du jour du contrat, & l'insinuation faite par l'un d'eux, vaut pour tous deux. Aprés laquelle insinuation, ledit don mutuel n'est revocable, sinon du consentement des deux conjoints.

Vide les Remarques cy-dessus.

N. 271. ARTICLE CCLXXXV.

*Donataire mutuel ne gagne les fruits, que
du jour qu'il a presenté en jugement
caution suffisante.*

Le donataire mutuel ne gagne les
fruits, que du jour qu'il a presenté caution suffisante, & demeurent les fruits
à l'heritier, jusqu'à ladite caution pre-
sentée : laquelle caution il peut presenter en jugement dés la premiere af-
signation.

Caution, *vide* Article 280.

N. 272. ARTICLE CLXXXVIII.

*Heritier peut demander nouvelle prisée
des meubles sujets au don mutuel :
mais ne peut obliger le donataire mutuel à les vendre.*

L'heritier peut demander à l'encontre dudit donataire, que nouvelle prisée soit faite des meubles par gens dont
ils conviendront : pour être lesdits meubles prisez à la juste estimation, autre

que celle faite par l'inventaire. Et en ce
faifant, ledit donataire aura la jouïf-
fance defdits meubles, fans qu'il foit
tenu les faire vendre.

Vide les Remarques fur le Chapitre precedent.

CHAPITRE V.

Des charges à quoi le donataire mutuel
eft obligé.

N. 273. ARTICLE CCLXXXVI.

Donataire mutuel tenu d'avancer les frais
funeraires, & payer moitié des dettes
communes dûës par le predecedé, mais
n'eft tenu d'acquiter les legs.

LE donataire mutuel eft tenu avancer & payer les obfeques & funerailles du premier decedé; enfemble la
part & moitié des dettes communes
dûës par ledit premier decedé. Lefquelles obfeques & funerailles, & moitié
des dettes, lui doivent être deduites fur
la part & portion dudit premier de-

cedé. Toutefois n'est tenu payer les legs & autres dispositions testamentaires.

N. 274. ARTICLE CCLXXXVII.

Celui qui jouit du don mutuel doit faire les reparations viageres, & payer les arrerages des rentes, tant foncieres que constituées.

Aussi est tenu celui qui veut jouïr du don mutuel, faire faire les reparations viageres étans à faire sur les heritages sujets audit don mutuel : & payer les cens & charges annuelles, les arrerages tant des rentes foncieres, que des autres rentes constituées pendant la communauté, échûs depuis la jouïssance du don mutuel, sans esperance de les recouvrer.

Vide Art. 262. & les Remarques cy-dessus

Conference.

Orleans Titre 15. Chapitre 4.
Les autres Coûtumes, *vide* Fortin, Ricard, de Ferriere.

CHAPITRE VI.

Des secondes nôces, & des avantages que ceux qui passent à de secondes nôces, peuvent se faire.

N. 275. ARTICLE CCLXXIX.

De quoi ceux qui passent à de secondes ou autres nôces peuvent disposer, & comment leur succession se partage.

FEmme convolant en secondes ou autres nôces, ayant enfans ne peut avantager son second, ou autre subsequent mary, de ses propres & acquêts plus que l'un de ses enfans. Et quant aux conquêts faits avec ses precedens maris, n'en peut disposer aucunement au préjudice des portions, dont les enfans desdits premiers mariages, pourroient amander de leur mere. Et neanmoins succedent les enfans des subsequens mariages ausdits conquêts, avec les enfans des mariages precedens, également venans à la succession de leur

mere. Comme auſſi les enfans des precedens lits ſuccedent pour leurs parts &
portions aux conquêts faits pendant &
conſtant les ſubſequens mariages. Toutefois ſi ledit mariage eſt diſſolu, ou
que les enfans du precedent mariage
decedent, elle en peut diſpoſer comme
de ſa choſe.

Remarques.

Par le Droit Romain, il y avoit pluſieurs
peines introduites contre les femmes qui paſ-
ſoient à de ſecondes nôces au préjudice de
leurs enfans.

1. Celle qui convoloit en ſecondes nôces
dans l'an du decés de ſon mary, encouroit
notte d'infamie, *ipſo facto*, celuy qui l'épou-
ſoit encouroit la même notte s'il en avoit
la connoiſſance, & le pere de la femme, s'il
y donnoit ſon conſentement.

2. Celle qui n'avoit point d'enfans ne pouvoit donner à ſon ſecond mary plus que la
tierce partie de ſes biens, & ſi elle avoit enfans, elle ne pouvoit l'avantager plus qu'un
de ſes enfans.

3. Celle qui ſe remarioit dans l'an
du deüil étoit privée de tous les avantages
à elle faits par ſon défunt mary par ſon
Contrat de mariage, & lorſqu'elle ſe ma-
rioit après l'an du deüil & avoit enfans,
étoit obligée de laiſſer à ſes enfans tous les

avantages qu'elle avoit reçû de leur pere, &
n'en pouvoit disposer à leur préjudice.

4. Elle perdoit la Tutelle de ses enfans,
elle étoit privée des legs & successions qui de-
voient luy appartenir, il y avoit plusieurs autres peines.

Les maris n'étoient pas sujets aux mêmes
peines, ils n'étoient obligez d'attendre l'an du
decez, mais ils ne pouvoient avantager leur seconde femme, que de la même maniere que
les femmes pouvoient faire à leurs maris lorsqu'elles passoient à de secondes nôces.

Ce sont de ces peines introduites par les loix
qu'on a dressé l'Edit de François II. touchant
les secondes nôces, & l'art 279. de la Coûtume
de Paris, qui regle les avantages que les personnes qui passent à de secondes nôces peuvent se faire, & de la maniere que leur succession se partage lorsqu'il y a des enfans de
differens lits.

L'Edit des secondes nôces & l'article 279.
de la Coûtume ne parle que des femmes ;
cependant les dispositions qui y sont contenuës, ont lieu aussi bien à l'égard des hommes, comme pour les femmes, c'est la Jurisprudence des Arrests.

L'Edit des secondes Nôces & l'Article 279.
contiennent trois dispositions particulieres.

1. Femme qui convole en secondes ou autres nôces ayant enfans, ne peut avantager
son second ou autre subsequent mary, de ses
propres & acquêts, plus que l'un de ses enfans.

Ce qui a lieu auſſi pour les meubles.

Les hommes ſont compris dans cette diſ-poſition.

2. Femme qui convole en ſecondes ou au-tres nôces ne peut diſpoſer des conquêts faits avec ſes précedens maris au préjudice des por-tions dont ſes enfans des premiers mariages pouvoient amander de leur mere.

Les Arreſts ont jugé que les hommes n'é-toient pas compris dans cette prohibition, pour-vû qu'ils n'en diſpoſent au profit de leur ſe-conde ou autre femme.

3. Celuy ou celle qui convole en ſecondes ou autres nôces & ont enfans, doivent reſer-ver à leurs enfans tout ce qui leur vient de la liberalité de leur premiere femme ou mary, & ne peuvent en avantager leur ſeconde fem-me ou mary. Ce qui a lieu tant pour les meu-bles que les immeubles.

Cette prohibition comprend toutes ſortes de dons, doüaire préfix, préciput & tout ce qui vient de la liberalité de l'homme ou de la femme, & non ce qui vient de la dipoſition de la Loy.

Le nombre des enfans ne ſe conſidere qu'au temps du decez de celui qui fait l'avantage, & non au tems du mariage, & on compte les enfans tant du premier que du ſecond & autres lits.

Femme qui épouſe un homme veuf ayant enfans, ne peut prétendre ſur les biens de ſon mari, plus que le moins prenant des enfans

quelque avantage que lui ait fait son mary,
soit à titre de doüaire, communauté ou autrement, le surplus est sujet au retranchement
porté par l'Edit, la même chose s'observe à
l'égard du mari qui épouse une veuve qui a
des enfans.

La part & portion qui revient à la femme ou
au mary., ne peut cependant être moindre que
la legitime qui est düe à un des enfans.

Pour regler ce qui appartient au moins prenant des enfans, on ne compte point ce que
les enfans prennent dans les biens dont la prohibition est ordonnée, mais seulement ce qui
leur revient des propres & autres biens de
leur pere ou mere.

Les enfans bien fondez à faire casser les a-
lienations qui ont été faites par leur pere ou
mere, au prejudice de l'Edit & de la Coûtume, & quoiqu'ils se portent heritiers de leur
pere ou mere, peuvent revendiquer és mains
des tiers acquereurs les biens aliennez sans
être obligez a la restitution du prix.
Vide M. du Plessis & les autres Commentateurs.

Conference.

Orleans, Titre 10. Chapitre 8.

Les autres Coûtumes, *vide* Fortin, Ricard,
de Ferriere.

TITRE

TITRE XIV.

Des Testamens, & executions d'iceux.

CHAPITRE I.

A qui il est permis de donner par Testament, & de quoi on peut disposer des legs & quatre quints des propres.

N. 276. ARTICLE CCLXXXXII.

Quelles personnes peuvent faire Testament, & de quoy on peut disposer.

Toutes personnes saines d'entendement, âgées & usans de leurs droits, peuvent disposer par Testament & ordonnance de derniere volonté, au profit de personne capable, de tous leurs biens, meubles, acquêts & conquêts immeubles, & de la cinquiéme partie de tous leurs propres heritages : & non

Y

plus avant, encore que ce fût pour cause pitoyable.

Remarques.

L'article 276. porte que les Mineurs, & ceux qui sont en puissance d'autruy, ne peuvent tester au profit de leurs Tuteurs, Curateurs, Pedagogues, & autres Administrateurs, ny de leurs enfans, jusques à ce qu'ils ayent rendu compte, Peuvent cependant disposer au profit de leur pere, mere, ayeul & ayeule, & autres ascendans, pourvû qu'ils ne se soient remariez.

N. 277. ARTICLE CCXCVI.

Le mary par son Testament ne peut disposer que de la moitié de la communauté.

Le mary par son Testament ou ordonnance de derniere volonté, ne peut disposer des biens meubles, & conquêts immeubles communs entre lui & sa femme, au préjudice de sadite femme, ni de la moitié qui lui peut appartenir en iceux par le trépas de sondit mary.

Remarques.

Article 225. le mary peut disposer de tous les biens de la communauté par acte entre-vifs, pourvû qu'il n'y ait fraude.

N. 278. Article CCXCIII.

Aage requis pour tester de ses meubles & conquêts immeubles, & du quint de ses propres.

Pour tester des meubles, acquêts & conquêts immeubles, faut avoir accompli l'âge de vingt ans: Et pour tester du quint des propres, faut avoir accompli l'âge de vingt-cinq ans.

Vide Article suivant.

N. 279. Article CCXCIV.

Suite de l'Article precedent.

Toutesfois si le testateur n'a meubles, acquêts, ni conquêts immeubles, peut audit cas tester du quint de ses propres, aprés vingt ans accomplis.

N. 280. ARTICLE CCXCV.

Heritier peut demander les quatre quints,
& abandonner le surplus aux
Legataires.

Si l'heritier se veut contenter de prendre les quatre quints des propres , &
abandonner les meubles , acquêts &
conquêts immeubles, avec le quint desdits propres , à tous les legataires, faire
le peut : en quoi faisant il demeurera
saisi desdits quatre quints , & lesdits legataires prendront le surplus , les dettes toutefois prealablement payées sur
tous les biens de l'heredité.
Vide le Remarques cy aprés.

N. 281. ARTICLE CCXCIX.

Institution d'heritier dans un Testament,
vaut par forme de legs.

Institution d'heritier n'a lieu , c'est à
dire, qu'elle n'est requise ni necessaire
pour la validité d'un Testament : mais
ne laisse de valoir la disposition jusqu'à

la quantité des biens, dont le testateur
peut valablement disposer par la Coûtume.

CHAPITRE II.

*Formalitez necessaires pour la validité
des Testamens, & des personnes qui
peuvent recevoir Testamens.*

N. 281. ARTICLE. CCLXXXIX.

*Formalitez necessaires pour la validité
des Testamens, & ceux qui peuvent
recevoir Testamens.*

POur reputer un Testament solem-
nel, est requis qu'il soit écrit &
signé du Testateur, ou qu'il soit passé
pardevant deux Notaires, ou pardevant
le Curé de la Paroisse du Testateur, ou
son Vicaire General, & un Notaire :
ou dudit Curé ou Vicaire, & trois témoins : ou d'un Notaire & deux témoins. Iceux témoins idoines, suffisans, mâles, & âgez de vingt ans accomplis, & non legataires : & qu'il ait
été dicté & nommé par le Testateur aus-

dits Notaires, Curé ou Vicaire general, & depuis à lui relû en la préfence
d'iceux Notaires, Curé, ou Vicaire general, & témoins : & qu'il foit fait
mention audit Teftament, qu'il a été
dicté, nommé & relû. Et qu'il foit
figné par ledit Teftateur, & par les
témoins : ou que mention foit faite de
la caufe pour laquelle ils n'ont pû fi-
gner.

N. 283.   ARTICLE CCXC.

Curez & Vicaires, quand peuvent re-
cevoir Teftamens.

Sont tenus iceux Curez, de bailler
lettres de Vicariat general, & icelles
faire enregiftrer és Greffes Royaux, pour
le regard des Paroifles affifes és Villes,
où il y a Juge Royal : & és autres
lieux en la Juftice ordinaire d'iceux :
avant que les Vicaires puiffent recevoir
aucun Teftament.

N. 284. ARTICLE CCXCI.

Curez & Vicaires qui reçoivent Testa-
mens, à quoi sont tenus.

Sont aussi tenus lesdits Curez & Vicaires generaux, de porter & faire mettre de trois mois en trois mois, és Greffes comme dessus, les registres des Bap-
têmes, Mariages, Testamens, & Se-
pultures : sur peine de tous dépens,
dommages & interêts. Et pour ce ne
doivent rien payer au Greffe.

CHAPITRE III.

Des executeurs Testamentaires.

N. 285. ARTICLE CCXCVII.

Executeurs Testamentaires sont saisis
pendant l'an, des biens meubles du def-
funt, pour l'accomplissement du Testa-
ment, & sont tenus de faire inven-
taire.

LEs Executeurs testamentaires sont
saisis durant l'an & jour du trépas

du défunt, des biens meubles demeurez
de son deceds pour l'accomplissement
de son Testament : si le Testateur n'a-
voit ordonné, que ses Executeurs fussent saisis de sommes certaines seulement. Et est tenu ledit Executeur de
faire faire inventaire en diligence, si-
tôt que le Testament est venu à sa connoissance, l'heritier presomptif present,
ou dûëment appellé.

Remarques sur les Testamens.

Les matieres concernans les Testamens sont
si vastes, & les questions qui peuvent naître
à ce sujet sont si amplement traitées par les
Commentateurs, que je m'écarterois du dessein
que j'ai pris de mettre simplement la Coûtume en son ordre naturel si j'entreprenois d'y
faire des observations ; c'est pourquoy je renvoye le Lecteur aux Commentaires.

Je remarquerai seulement que l'origine des
Testamens est tres-ancienne, que les Testamens ont été introduits pour remedier aux
inconveniens des donations entre-vifs, par
lesquelles on se dépoüille vivant de son bien,
& par le moyen des Testamens on s'en con-
serve la proprieté jusqu'à son decez.

La Coûtume de Normandie a une disposition tres-sage & particuliere à ce sujet, l'Art.

422.

422. porte que les Testamens demeurent sans effet si le Testateur ne survit trois mois à sa disposition.

D'autres Coûtumes veulent que le Testateur survive quarante jours depuis le Testament, sinon le Testament nul.

Plusieurs Commentateurs sont d'avis qu'il seroit à souhaiter qu'il y eût un interval de huit ou dix jours entre la confection du Testament & celui de la mort pour empêcher les suggestions.

La Coûtume de Paris n'ayant point fixé le tems, on observe que les Testamens sont valables en quelque tems qu'ils soient faits, même jusqu'au dernier soûpir pourvû que les formalitez prescrites par la Coûtume ayent été observées.

Il y a trois choses cependant à examiner dans un Testament.

La premiere, ceux ausquels il est permis de tester. La seconde ceux au profit desquels on peut tester. La troisiéme de quels biens on peut tester.

1. Testateur doit être sain d'esprit, doit avoir l'âge requis par la Coûtume, ne doit être interdit, furieux, condamné à mort ou aux galleres perpetuelles, ou banni à perpetuité.

2. Il ne doit y avoir aucune incapacité en la personne des Legataires.

On ne peut leguer à ceux qui sont condamnez à mort par contumace.

Legs faits au profit des adulteres & concubines, nuls.

Z

Les Témoins dans un Testament, ne peuvent être legataires.

3. Testateur ne peut disposer par Testament que de la cinquiéme partie de ses propres & de tous ses meubles, acquêts & conquêts immeubles, les quatre quints des propres doivent être reservez aux heritiers.

Pour le surplus *vide* les Commentateurs.

L'Art. 298. concernant la legitime, est mis sous le titre des successions. chap. 5.

Conference.

Orleans titre 16. chap. 1. & 2.

Les autres Coûtumes, *vide* Fortin, Ricard, de Ferriere.

TITRE XV.

Des Successions en ligne Directe, & Collaterale.

CHAPITRE I.

Du partage des fiefs en ligne directe, & du preciput de l'aîné.

N. 286. **ARTICLE XV.**

Partage des fiefs & preciput de l'aîné, lorsqu'il n'y a que deux enfans.

Quand pere & mere ayant fiefs & heritages tenus noblement, vont de vie à trépas, delaissans seulement deux enfans venans à leur succession, au fils aîné pour son droit d'aînesse appartient par preciput en chacune desdites successions, tant de pere que de mere, un hôtel tenu en fief, tel qu'il veut choisir pour manoir principal, avec l'enclos

& baſſe-cour : & les deux tiers deſ
ſuſdits fiefs & heritages tenus noble
ment : Et à l'autre deſdits enfans ,
compete & appartient l'autre tiers &
reſidu deſdits fiefs , & heritages noblement tenus , étans deſdites ſucceſſions.

N. 287.　　A R T I C L E XVI.

Partage des fiefs & preciput de l'aîné,
lorſqu'il y a plus de deux enfans.

S'il y a pluſieurs enfans excedans le
nombre de deux , venans à leur ſucceſſion , au fils aîné par preciput pour ſon
droit d'aîneſſe , appartient en chacune
deſdites ſucceſſions tant de pere que de
mere, un hôtel tenu en fief tel qu'il veut
choiſir pour principal manoir, avec l'enclos & baſſe-court, ainſi que dit eſt, & la
moitié de tous les autres heritages tenus
en fief, & à tous les autres enfans en-
ſemble, l'autre moitié & reſidu deſdits
fiefs & heritages tenus noblement.

N. 288. ARTICLE XIII.

En quoi consiste le préciput de l'aîné.

Au fils aîné appartient par préciput le Château ou manoir principal & basse-cour attenant & contiguë audit manoir, destinée à icelui : encore que le fossé du Château ou quelque chemin fût entre deux. Et outre lui appartient un arpent de terre de l'enclos ou jardin joignant ledit manoir, si tant y en a ; & si ledit enclos contient davantage, l'aîné peut retenir le tout en baillant récompense aux puisnez, de ce qui est outre ledit arpent en terres de même fief, si tant y en a, sinon en autres terres ou héritages de ladite succession, à la commodité des puisnez le plus que faire se pourra au dire de prud'hommes. Et s'entend l'enclos, ce qui est fermé de murs, fossez ou hayes vives.

Z iij

N. 289.   ARTICLE XVII.

Preciput de l'aîné, lorsqu'il n'y a qu'un
seul fief.

Si esdites successions de pere & mere, ayeul, ou ayeule, y a un seul fief consistant seulement en un manoir, basse-court & enclos d'un arpent, sans autre appartenance, ni autres biens, audit fils aîné seul appartient ledit manoir, basse-court & enclos, comme dessus : sauf toutesfois aux autres enfans leur droit de legitime, ou droit de doüaire coûtumier ou prefix, à prendre sur ledit fief. Et où il y auroit autres biens qui ne fussent suffisans pour fournir lesdits droits aux enfans, le supplement de ladite legitime ou dudit doüaire, se prendra sur ledit fief. Et toutefois audit cas le fils aîné peut bailler aux puisnez recompense en argent, au dire de prud-hommes, de la portion qu'ils pour-roient prétendre sur ledit fief.

N. 290.   ARTICLE XVIII.

Préciput de l'aîné, lorsqu'il n'y a que des terres sans manoir.

S'il n'y a manoir principal en un fief appartenant à deux ou plusieurs enfans par la succession de leur pere, ou mere, ains seulement terres labourables, le fils aîné peut avoir un arpent de terre en tel lieu qu'il voudra élire par préciput, pour & au lieu dudit manoir.

N. 291.   ARTICLE XIV.

Préciput de l'aîné lorsqu'il y a four, moulin, ou pressoir dans l'enclos du préciput.

Si dans l'enclos du préciput de l'aîné y a moulin, four, ou pressoir, le corps dudit moulin, four, ou pressoir appartient à l'aîné : mais le profit du moulin bannal ou non bannal, & du four, & pressoir, s'ils sont bannaux, se partira comme le reste du fief : Et sont tenus les puisnez de contribuer aux frais des

Z iiij

moulans, tournans & travaillans dudit
moulin, corps du four, & pressoir, &
ustanciles d'iceux, pour portion du profit qu'ils y prennent. Peut toutesfois
l'aîné avoir ledit droit de profit & ban-
nalité, en recompensant lesdits puisnez,
comme dessus.

Remarques.

Droit d'aînesse est accordé & introduit pour
conserver la grandeur des familles, & que
ceux qui possedent Fiefs soient en état de
rendre service au Roy.

Vide les Commentateurs & le Chapitre suivant, où il est du qu'entre filles il n'y a droit
d'aînesse.

Vide les Remarques & distinctions cy-aprés.

Conference.

Orleans, Titre 17. Chapitre 1.
   Les autres Coûtumes, *vide* Fortin, Ricard,
de Ferriere.

CHAPITRE II.

Du partage des fiefs, lorsqu'il n'y a que filles.

N. 292.   ARTICLE XIX.

Entre filles il n'y a droit d'aînesse.

QUand n'y a que filles venans à succession directe ou collaterale, droit d'aînesse n'a lieu & partissent également.

Remarques.

L'Article 324. porte que les filles representent leur pere au droit d'aînesse, mais sans droit d'aînesse entr'elles.

Vide les Remarques ci-dessus & le Chapitre 6. de la representation.

CHAPITRE III.

Du partage des fiefs, lorsque l'aîné renonce aux successions de ses pere & mere, ou qu'il se tient à son don.

N. 293. ARTICLE XXVII.

Renonciation faite par l'aîné au moyen des donations à lui faites entre les puisnez n'y a droit d'aînesse.

SI telle donation est faite à l'aîné, & par le moyen d'icelle il renonce à la succession, entre les puisnez n'y a droit d'aînesse.

N. Cet Article est une suite de l'article 26. qui est sous le Titre 1. des Fiefs, chap. 14. section 4. n. 35.

Vide l'Article suivant.

N. 294. ARTICLE CCCX.

La part de l'enfant qui renonce aux successions directes, accroît aux autres enfans sans prerogative d'aînesse.

Le droit & part de l'enfant qui s'abtient & renonce à la succession de ses pere ou mere, accroît aux autres enfans heritiers, sans aucune prerogative d'aînesse de la portion qui accroît.

Vide Article cy dessus & l'Article 6.

Remarques.

M. de Lauriere sur ces deux Articles, est d'avis que l'Article 27. ayant décidé qu'il n'y a droit d'aînesse lorsque l'aîné renonce & se tient à son don, l'Article 310. décide qu'il n'y a aussi droit d'aînesse, quoique l'aîné renonce sans avoir rien reçu. C'est aussi l'avis de M. du Plessis sur ces deux Articles.

Conference.

Orleans, Tit. 17. Chapitre 10.

Les autres Coûtumes, *vide* Fortin, Ricard, de Ferriere.

CHAPITRE IV.

Partage des terres en franc-aleu.

N. 295.   A R T I C L E LXVIII.

Franc-aleu, quand se partit Noblement
ou Roturierement.

FRanc-aleu auquel y a justice, censive, ou fief mouvant de lui, se
partit comme fief Noble: mais où il n'y
a fief mouvant de lui, justice ou censive, il se partit roturierement.

Vide les Remarques sur le Tit. 1. Chap. 2.

CHAPITRE V.

Succession & partage en ligne directe des
biens meubles & immeubles en rotures
des rapports entre enfans, & de la le-
gitime des enfans.

N. 296. A R T I C L E CCCII.

Enfans succedent par égales portions, ex-
cepté pour ce qui est en fief.

LEs enfans heritiers d'un défunt,
viennent également à la succession

d'icelui défunt : fors & excepté des heritages tenus en fief, ou franc-aleu noble.

N. 297.   ARTICLE CCCIII.

*Pere & mere ne peuvent avantager leurs
enfans l'un plus que l'autre venans
à leurs successions.*

Pere & mere ne peuvent par donation entre-vifs, par testament & ordonnance de derniere volonté, ou autrement en maniere quelconque, avantager leurs enfans venans à leurs successions l'un plus que l'autre.

N. 298. ARTICLE CCLXXVIII.

Donations des pere & mere à leurs enfans, sont en avancement d'hoirie.

Meubles ou immeubles donnez par pere ou mere à leurs enfans, sont reputez donnez en avancement d'hoirie.

N. 299. A R T I C L E CCCIV.

Enfans venans à la fucceffion de leur
pere & mere, doivent rapporter,
ou moins prendre.

Les enfans venans à la fucceffion de
pere ou mere, doivent rapporter ce qui
leur a été donné, pour avec les autres biens de ladite fucceffion, être mis
en partage entr'eux, ou moins prendre.

N. 300. A R T I C L E CCCVI.

Ce qui a été donné aux petits enfans,
eft fujet à rapport.

Pareillement ce qui a été donné aux
enfans de ceux qui font heritiers, &
viennent à la fucceffion de leur pere,
mere, ou autres afcendans, eft fujet à
rapport, ou à moins prendre, comme
deffus.

N. 301. Article CCCVIII.

Petits enfans venans à la succession de leur ayeul, ou ayeule, sont tenus de rapporter ce qui a été donné à leur pere ou mere.

L'enfant ayant survêcu ses pere & mere, & venant à la succession de ses ayeul, ou ayeule, survivant lesdits pere & mere, encore qu'il renonce à la succession de sesdits pere & mere, est neanmoins tenu rapporter à la succession de sesdits ayeul ou ayeule, tout ce qui a été donné à sesdits pere & mere par lesdits ayeul ou ayeule, ou moins prendre.

N. 302. Article CCCIX.

Fruits des choses données se rapportent du jour de la succession échûë.

Les fruits de la chose donnée par pere ou mere, ayeul ou ayeule, soit heritages ou rentes, ne se rapportent, sinon du jour de la succession échûë. Et s'il

y a deniers baillez, les profits se rap-
porteront depuis ledit tems, à raison
du denier vingt.

N. 303　　A R T I C L E CCCV.

Heritages donnez, de quelle maniere le
rapport se doit faire.

Si le donataire lors du partage a les
heritages à lui donnez en sa possession
il est tenu les rapporter en essence &
espece, ou moins prendre en autres
heritages de la succession de pareille
valeur & bonté. Et faisant ledit rapport en espece, doit être remboursé
par ses coheritiers des impenses utiles
& necessaires. Et si lesdits coheritiers
ne veulent rembourser lesdites impenses, en ce cas le donataire est tenu rapporter seulement l'estimation d'iceux
heritages ; eu égard au tems que division & partage est fait entr'eux : dédu-
ction faite desdites impenses.

ART.

N. 304. Article CCCVII.

*Enfant donataire peut se tenir à son don,
la legitime reservée aux autres.*

Neanmoins où celui auquel on auroit donné, se voudroit tenir à son
don, faire le peut, en s'abstenant de
l'heredité, la legitime reservée aux autres enfans.

N. 305. Article CCXCVIII.

Legitime, en quoy consiste.

La legitime est la moitié de telle part
& portion que chacun enfant eût eû en
la succession desdits pere & mere, ayeul
ou ayeule, ou autre ascendans, si lesdits
pere & mere, ou autres ascendans,
n'eussent disposé par donations entre-
vifs, ou derniere volonté. Sur le tout
deduit les dettes & frais funeraux.

Remarques.

Touchant la legitime & les rapports que les
enfans doivent faire entr'eux, & les questions
qui en dépendent. *Vide* les Commentateurs

& le Traité des Succeſſions de M. le Brun,
Conference.

Orleans, Tit. 17. Chapitre 3.

Les autres Coûtumes, *vide* Fortin, Ricard,
de Ferriere.

CHAPITRE VI.

De la repreſentation en ligne directe.

N. 306. ARTICLE CCCXIX.

*En ligne directe, repreſentation a lieu
à l'infini.*

EN ligne directe repreſentation à
lieu infiniment, & en quelque degré que ce ſoit.

N. 307. ARTICLE CCCXXIV.

*Enfans du fils aîné, mâles ou femelles
repreſentent leur pere au droit d'aîneſſe : mais entre filles n'y a droit
d'aîneſſe.*

Les enfans du fils aîné, ſoit mâ-

les ou femelles, survivans leur pere,
venans à la succession de leur ayeul ou
ayeule, representent leurdit pere au
droit d'aînesse. Et s'il n'y a que filles,
elles representent leur pere toutes ensemble pour une tête, audit droit d'aînesse, & sans droit d'aînesse entre-elles.

Remarques.

L'Article 19. porte qu'entre filles il n'y a droit
d'aînesse, soit en ligne directe ou en collaterale.

CHAPITRE VII.

*Des successions & partages de fiefs en
ligne collaterale.*

N. 308. Article CCCXXXI.

*En ligne collaterale il n'y a droit
d'aînesse.*

EN ligne collaterale, les heritages
tenus & mouvans en fief, se partissent & divisent entre coheritiers, sans
droit ou prerogative d'aînesse.

N. 309.   ARTICLE XXV.

En ligne collaterale en successions de fiefs, les mâles excluent les femelles en pareil degré.

En succession ou hoirie en ligne collaterale en fief, les femelles n'heritent point avec les mâles en pareil degré.

Remarques.

L'Article 322. porte que les mâles venant d'une fille succedans par representation, ne prennent rien aux Fiefs comme leur mere eût fait.

Vide le Chapitre suivant, & la Remarque sur l'Article 322.

N. 310. ARTICLE CCCXXIII.

Lorsque les femelles sont en degré plus proche que les mâles, succedent aux fiefs comme les mâles.

Et si en ladite succession collaterale il y a fiefs, les enfans des freres n'excluent leurs tantes, sœurs du défunt ; mais y succedent lesdites tantes de leur chef, comme étans les plus proches avec les enfans des frere. Et s'ils sont plusieurs enfans de freres, succedent seulement pour une tête avec leur tante.

Vide le Chapitre suivant & les Remarques.

Conference.

Orleans, Tit. 17. Chapitre 2.

Les autres Coûtumes, *vide* Fortin, Ricard, de Ferriere.

CHAPITRE VIII.

De la representation en ligne collaterale, & comment les representans succedent.

N. 311.   ARTICLE CCCXX.

Representation en collaterale, & comment les representans succedent.

EN ligne collaterale, representation a lieu quand les neveux ou niéces viennent à la succession de leur oncle ou tante, avec les freres & sœurs du décedé. Et audit cas de representation, les representans succedent par souches, & non par têtes.

N. 312.   ARTICLE CCCXXI.

Quand les neveux en semblable degré viennent de leur chef, & non par representation, succedent par têtes & non par souches.

Mais si les neveux en semblable degré viennent de leur chef, & non par representation, succedent par testes & non par souches: tellement que l'un ne prend pas plus que l'autre.

N. 313. ARTICLE CCCXXII.

Les mâles venans d'une fille succedans par representation, ne prennent rien aux fiefs comme leur mere eût fait.

Toutefois les mâles venans d'une fille, & succedans, comme dit est, par representation, ne prennent aucune chose és Fiefs delaissez par le trépas de leur oncle & tante : non plus que leur mere eût fait, venant à succession avec ses freres.

Remarques.

L'Article 321. de la Coûtume d'Orleans porte : *La fille venant du mâle represente son pere, en la succession de son oncle decedé, avec le frere du decedé, oncle de ladite fille.* Quelques Docteurs tiennent que cette disposition doit être suivie en la Coûtume de Paris, M. du Plessis est d'avis contraire à cause de l'Article 25. M. le Brun est de même sentiment dans son Traité des Suc-

cessions, liv. 3. chap. 5. section 4. n. 104 .&
suivans, *vide* leurs Remarques.

Conference.

Orleans Titre 17. Chapitre 6.

Les autres Coûtumes, *vide* Fortin, Ricard,
de Ferriere.

CHAPITRE IX.

*Succession & partage en ligne collaterale
des biens, meubles & immeubles en
rotures, & des propres de ligne.*

N. 314. ARTICLE CCCXXV.

*En ligne collaterale, le plus proche pa-
che parent succede aux meubles &
acquêts immeubles.*

EN ligne collaterale, les plus proches
parens d'un enfant decedé sans
hoirs, lui succedent quant aux meubles
& acquêts immeubles : sans exclure
toutefois les enfans des freres & sœurs,
venans par representation, comme il
est dit cy-dessus.

ART.

N. 315. Article CCCXXVII.

En ligne collaterale les immeubles & biens en roture se divisent par têtes, & non par souches.

Les heritiers d'un défunt en ligne collaterale, partissent & divisent également entre-eux, par têtes & non par souches, les biens & successions dudit défunt, tant meubles qu'heritages, non tenus & mouvans en fief.

N. 316. Article CCCXXVIII.

Les enfans des freres & sœurs font une tê-te, & leur oncle une autre.

Excepté les enfans des freres & sœurs, qui partissent, & font tous ensemble une tête au lieu de leur pere & mere, s'ils succedent avec leur oncle, & entre-eux, ils partissent également.

Bb

N. 317. ARTICLE CCCXXXVIII.

L'oncle succede au neveu avant le cousin germain.

L'oncle succede au neveu avant le cousin germain.

N. 318. ARTICLE CCCXXXIX.

L'oncle & le neveu d'un défunt lui suc-cedent également.

L'oncle & le neveu d'un défunt, qui n'a delaissé frere ni sœur, succedent é-galement, comme étans en même de-gré ; & sans qu'audit cas il y ait re-presentation.

N. 319. ARTICLE CCCXL.

Freres & sœurs succedent également à leurs freres ou sœurs decedez, aux meubles, acquêts & conquêts, sans distinction du double lien.

Freres & sœurs, supposé qu'ils ne soient que de pere ou de mere, succe-dent également avec les autres freres &

sœurs de pere & de mere, à leurs frere ou sœur aux meubles, acquêts & conquêts immeubles.

N. 320. ARTICLE CCCXLI.

En succession collaterale d'oncle ou autres parens, on ne considere le double lien.

Ce que dessus a lieu aux oncles & autres parens collateraux , qui ne sont joints que d'un côté.

Remarques.

L'Article 330. de la Coûtume d'Orleans a une disposition contraire, & porte : *En meubles & conquêts immeubles , les Collateraux conjoints des deux côtez excluent ceux qui sont conjoints d'un côté seulement jusques au degré des oncles, tantes, neveux & nieces du decedé inclusivement.*

Vide les décisions de cette Coûtume que j'ay mis en leur ordre naturel.

N. 321. ARTICLE CCCXXVI.

Quant aux heritages propres y succedent
les parens du côté & ligne,

Et quant aux propres heritages, lui
succedent les parens qui sont les plus
proches du côté & ligne dont sont avenus & échûs au défunt lesdits heritages : encore qu'ils ne soient plus proches parens du défunt. Fors & excepté,
qu'en fiefs le mâle exclud les femelles
en pareil degré : sans aussi exclure les
enfans des freres & sœurs venans par
representation, comme dessus.

N. 322. ARTICLE CCCXXIX.

Pour être reputé parent du côté & ligne
n'est necessaire d'être descendu
de l'acquereur.

Et sont reputez parens du côté &
ligne, supposé qu'ils ne soient des-
cendus de celui qui a acquis l'heritage.

N.º 323. ARTICLE CCCXXX.

An défaut de parens d'une ligne, ceux de l'autre ligne succedent.

Et s'il n'y a aucuns heritiers du côté & ligne dont sont venus les heritages, ils appartiennent au plus prochain habile à succeder de l'autre côté & ligne, en quelque degré que ce soit.

Remarques.

Touchant la succession des propres & les questions qui en dépendent, *vide* les Commentateurs, & le Traité des propres de M. de Renusson.

Vide le Chapitre 7. de la communauté de biens.

Conference.

Orleans, Titre 17. Chap. 4.

Les autres Coutumes, *vide* Fortin, Ricard, de Ferriere.

B b iij

CHAPITRE X.

Des heritiers simples , & heritiers bene-
ficiaires , & comment on fait acte
d'heritier.

N. 324.　A R T I C L E CCCXVIII.

Le plus proche parent d'un défunt est saisi
de plein droit des biens de
la succession

LE mort saisit le vif : son hoir plus
proche & habile à lui succeder.
Vide les Remarques cy-aprés.

N. 325.　A R T I C L E CCCXVI.

Ne se porte heritier qui ne veut.

Il ne se porte heritier qui ne veut.

N. 326.　A R T I C L E CCCXVII.

Comment on fait acte d'heritier.

Et neanmoins , si aucun prend & apprehende les biens d'un défunt, ou partie d'iceux, quelle qu'elle soit, sans avoir autre qualité ou droit de prendre lesdits biens ou partie, il fait acte d'heritier, & s'oblige en ce faisant à payer les dettes du défunt. Et supposé qu'il lui fût dû aucune chose par le défunt, il le doit demander, & se pourvoir par justice : autrement s'il prend de son autorité, il fait acte d'heritier.

N. 327. ARTICLE CCCXLII.

En ligne directe, l'heritier simple n'exclud l'heritier beneficiaire.

L'heritier en ligne directe, qui se porte heritier par benefice d'inventaire, n'est exclus par autre parent qui se porte heritier simple.

Remarques.

Le contraire s'observe en collateralle, l'heritier simple, quoiqu'en degré plus éloigné exclut l'heritier beneficiaire en plus proche degré. M. Loüet, let. H. sommaire 1.

Vide l'Article suivant & les Remarques.

B b iiij

N. 328. Article CCCXLIII.

En ligne collaterale, le Mineur heritier simple n'exclut l'heritier beneficiaire en plus proche degré.

Le Mineur qui se porte heritier simple, ne peut exclure l'heritier par benefice d'inventaire, qui est en plus proche degré.

Remarques.

Si c'est un mineur qui se porte heritier simple, doit donner caution comme il ne se fera point relever de l'adition d'heredité, autrement ne peut exclure l'heritier beneficiaire en plus proche degré. Bacquet, droits de justice, Chap. 15. n. 35.

M. du Plessi sur cet Article est d'avis qu'en parité de degré le Mineur heritier simple n'exclut l'heritier beneficiaire, & que les termes en plus proche degré sont inutiles.

Vide les Commentateurs.

N. 329. Article CCCXLIV.

Heritier beneficiaire & Curateur aux biens vacans, ne peuvent vendre les meubles de la succession qu'avec les formalitez.

L'heritier par benefice d'inventaire, ou Curateur aux biens vacans d'un défunt, ne peut vendre les biens meubles de la succession, ou Curatelle, sinon en faisant publier la vente devant la principale porte de l'Eglise de la Paroisse où le défunt demeuroit, à l'issuë de la Messe Parochiale : & délaissant une affiche contre la porte de la maison du défunt.

Conference.

Orleans, Chapitre 7. Titre 17.

Les autres Coûtumes, *vide* Fortin, Ricard, de Ferriere.

CHAPITRE XI.

Des heritiers legataires & donataires.

N. 330.   A R T I C L E CCC.

On ne peut être heritier & legataire.

Aucun ne peut être héritier & legataire d'un défunt ensemble.

N. 331.   A R T I C L E CCCI.

Les qualitez de donataire & heritier sont compatibles en ligne collaterale.

Peut toutefois entre-vifs, être donataire & heritier en ligne collaterale.

Remarques.

En ligne directe on ne peut jamais être à même tems, heritier & legataire ou donataire d'une même personne, ces deux qualitez sont incompatibles, la qualité d'heritier confond celle de legataire & donataire, à moins que la Coûtume ne dispose au contraire.

En collateralle, il y a deux cas où les qualitez d'heritier & legataire sont compatibles.

1. Lorsqu'on est legataire & qu'il n'y a
point d'heritier au même degré qui puisse prétendre la succession.

Le second cas, un étranger ou un legataire universel, ne sont point en droit de
contester la qualité de legataire particulier
& heritier.

Il y a un troisiéme cas porté par l'article
301. qu'on peut être donataire entre-vifs &
heritier en ligne collaterale.

Vide les Commentateurs.

Conférence.

Orleans, Art. 281.

Les autres Coûtumes, *vide* Fortin, Ricard,
& Ferriere.

CHAPITRE XII.

Dettes, comment se payent entre heritiers legataires & donataires.

N. 332. ARTICLE CCCXXXII.

Heritiers succedans également, payent les dettes également.

LEs heritiers d'un défunt en pareil degré, tant en meubles qu'immeubles, sont tenus personnellement de payer & acquitter les dettes de la succession chacun pour telle part & portion qu'ils sont heritiers d'icelui défunt : quand ils succedent également.

N. 333. ARTICLE CCCXXXIV.

Quand ils succedent inégalement, chacun paye les dettes à proportion de ce qu'il amande.

Et quand ils succedent les uns aux meubles, acquêts & conquêts, les au-

tres aux propres, ou qu'ils sont donataires ou legataires universels, ils sont
tenus entr'eux contribuer au payement
des dettes, chacun pour telle part &
portion qu'ils en amendent. En quoy
ne sont compris les aînez en ligne directe, lesquels ne sont tenus des dettes
personnelles en plus que les autres coheritiers : pour le regard de leurdite aînesse.

N. 334. ARTICLE CCCXXXV.

En succession collaterale, soit fiefs ou ro-
tures, chacun paye les dettes pour
portion de l'émolument.

En succession collaterale, quand il y a
mâles & femelles succedans en fiefs &
rotures, chacun paye pour portion de
l'émolument.

N. 335. ARTICLE CCCXXXIII.

Si les heritiers possèdent des heritages hy-
pothequez, chacun d'eux peut être con-
traint payer toute la dette sauf son re-
cours.

Toutefois s'ils sont détempteurs d'he

ritages qui ayent appartenu au défunt, lesquels ayent été obligez & hypotéquez à la dette par ledit défunt, chacun des heritiers est tenu payer le tout, sauf son recours contre ses coheritiers.

Remarques.

M. Guerret dans ses Notes sur M. le Prêtre, premiere Centurie, chap. 6. dit qu'il y a quatre maximes également constantes & certaines dans la Coûtume de Paris pour le payement des dettes.

La premiere, que tous heritiers acceptans une succession sont obligez personnellement aux dettes créées par le défunt.

La seconde, qu'ils en sont tenus seulement *pro modo emplumenti*, & à proportion de ce qu'ils amendent de la succession.

La troisiéme, que s'ils sont détempteurs d'heritages hypotéquez, ils peuvent être poursuivis solidairement un seul pour le tout, sauf leur recours contre les heritiers.

La quatriéme, qu'encore qu'ils déguerpissent l'heritage dont ils sont détempteurs; neanmoins ils ne laissent pas de demeurer personnellement obligez pour telle part & portion qu'ils sont heritiers.

Il ajoûte une cinquiéme maxime, que les aînez pour leur préciput & droit d'aînesse, ne payent pas davantage de dettes que leurs autres coheritiers.

Vide ses Remarques & M. Loüet lettre H.
sommaire 19. & 20.

Conference.

Orleans Chapitre 9. Tit. 17.

Les autres Coûtumes, vide Fortin, Ricard,
de Ferriere.

CHAPITRE XIII.

*Pere & mere & autres ascendans, com-
ment succedent à leurs enfans
& petits enfans.*

N. 336.   ARTICLE CCCXI,

*Ascendans succedent aux meubles, ac-
quêts & conquêts de leurs
descendans.*

PEre & mere succedent à leurs enfans
nez en loyal mariage, s'ils vont
de vie à trépas sans hoirs de leurs corps,
aux meubles, acquêts & conquêts immeubles. Et en défaut d'eux, l'ayeul
ou l'ayeule, & autres ascendans.

Remarques.

Lorfqu'il y a continuation de Communauté, & que le furvivant neglige de faire inventaire, la part & portion de l'enfant qui décede appartient à fes freres & fœurs, & le pere, ou la mere furvivant en eft exclus.

Vide les Remarques fur l'article 243.

N. 337.   ARTICLE CCCXII.

Afcendans ne fuccedent aux heritages propres.

En fucceffion en ligne directe, propre heritage ne remonte : & n'y fuccedent les pere, mere, ayeul ou ayeule.

Remarques.

Cet article a lieu feulement pour empêcher que les propres d'une ligne ne paffent à ceux d'une autre ligne.

Si les pere ou mere font de la ligne, quoy que ce foit un ancien propre, les pere & mere y fuccedent & excl">nt tous collateraux, même les freres & fœurs de l'enfant decedé.

Vide les Commentateurs & les articles fuivans.

N. 338.

N. 338. Article CCCXIII.

Les ascendans succedent aux choses propres qu'ils ont données à leurs enfans.

Toutesfois succedent és choses par eux données à leurs enfans, décedans sans enfans, & descendans d'eux.

N. 339. Article CCCXIV.

Pere & mere succedent en usufruit aux propres naissans de leurs enfans.

Les pere & mere joüissent par usufruit, des biens delaissez par leurs enfans qui ont été acquis par lesdits pere & mere, & par le décez de l'un d'eux, avenu à l'un de leursdits enfans : encore qu'ils soient & ayent été faits propres ausdits enfans. Au cas toutefois que lesdits enfans décedent sans enfans & descendans d'eux. Et aprés le décez desdits pere & mere, qui ont joüi desdits biens par usufruit, lesdit biens retournent aux plus proches parens desdits enfans, desquels procedent lesdits biens.

C c

Remarques.

Pere ou mere succedent en proprieté aux propres naissans de leurs enfans, lorsqu'il ne se trouve point d'heritier au prejudice du fisc.

Vide Article 230.

N. 340. ARTICLE CCCXV.

Ayeul & ayeule succedent en proprieté aux propres naissans de leurs petits enfans, lesquels étoient acquêts en la personne des pere & mere desdits enfans.

Si le fils fait acquisition d'heritages, ou autres biens immeubles, & il decede, delaissant à son enfant lesdits heritages : & ledit enfant decede aprés sans enfans & descendans de lui, & sans freres & sœurs, l'ayeul ou l'ayeule succedent ausdits heritages en pleine proprieté, & excluent tous autres collateraux.

Conference.

Orleans, Chapitre 11. Titre 17.

Les autres Coûtumes, *vide* Fortin, Ricard, de Ferriere.

CHAPITRE XIV.

Successions concernans les Ecclesiastiques & Religieux.

N. 341.   ARTICLE CCCXXXVI.

*Les lignagers succedent aux Evêques &
aux Ecclesiastiques Seculiers.*

LEs parens & lignagers des Evêques
& autres gens d'Eglise Seculiers,
leur succedent.

N. 234. ARTICLE CCCXXXVII.

Religieux & Religieuses profez, ne
succedent à leurs parens ; ne le Mo-
nastere pour eux.

Conference.

Orleans, Chapitre 12. Titre 17.

Les autres Coûtumes, *vide* Fortin, Ricard,
de Ferriere.

Cc ij

CHAPITRE XV.

Du droit de desherence.

N. 343. ARTICLE CLXVII.

*Seigneur Haut-justicier succede aux biens
de ceux qui n'ont point laissé
d'heritiers.*

QUand le proprietaire possesseur
d'aucun heritage va de vie à trepas
sans hoirs apparens, le Haut-Justicier,
en la Justice duquel les heritages sont
assis, peut & lui est loisible iceux heritages vacans & non occupez, saisir &
mettre en sa main.

Vide Bacquet du droit de desherence & des
biens vacans.

Conference.

Orleans, Chapitre 13. Titre 17.
Les autres Coûtumes, *vide* Fortin, Ricard,
de Ferriere.

CHAPITRE XVI.

De la Confiscation.

N. 344.   ARTICLE CLXXXIII.

Les biens se confisquent avec le corps.

Qui confisque le corps, il confisque les biens.

Touchant la confiscation & les questions qui en dépendent, *vide* Bacquet Droits de Justice, Chap. 11. 12. 13. 14, 15. & 16.

Vide les Commentateurs & les Remarques suivantes.

Conférence.

Orleans, Chapitre 14. Titre 17.

Les autres Coûtumes, *vide* Fortin, Ricard, de Ferriere.

Remarques sur les successions.

Il y a différentes sortes de successions :
1. La succession descendante.
2. La succession ascendante.
3. La succession collaterale.
4. Les droits de desherence , bâtardise

aubaine, confiscation qui font succeſſions anomales & irregulieres.

5. Le Titre *Unde vir & uxor.*

Les ſix premiers Chapitres traittent de la ſucceſſion deſcendante. Comme les enfans & petits enfans ſuccedent à leur pere, mere, ayeul & ayeule & autres aſcendans, les raports qu'ils doivent faire entr'eux, de la legitime qui eſt dûë aux enfans ſur les biens de leur pere & mere, du droit d'aſneſſe, & comme ils doivent partager entr'eux les biens qui leur ſont échûs, tant en fiefs que rotures.

Le Chapitre 13. traite de la ſucceſſion aſcendante, comme les pere, mere & autres aſcendans ſuccedent à leurs enfans & petits enfans.

Les Chapitres 7, 8. 9. & 10. reglent comment les ſucceſſions en collateralle ſe partagent entre les heritiers tant pour fiefs que rotures, meubles, immeubles, acquêts, conquêts ou propres.

Dans le Chapitre 14. il eſt parlé des ſucceſſions concernans les Eccleſiaſtiques & Religieux.

Les Religieux Profez, ny leur Monaſtere ne ſuccedent, mais les parens lignagers ſuccedent aux Evêques & Eccleſiaſtiques ſeculiers.

Chapitre 15. il eſt parlé de la desherence.

Seigneur Haut-Juſticier ſuccede aux biens de ceux qui n'ont point laiſſé d'heritiers.

Chapitre 16. traite de la confiscation.

La confiscation eſt une eſpece de ſucceſſion qui fait paſſer au Roi ou aux Seigneurs toûs les

biens des condamnez comme ils auroient
passé à ses heritiers s'il en avoit eu.

Le Roi herite de ceux qui sont aubains,
c'est-à-dire, qu'un étranger n'étant point na-
turalisé, & mourant en France sans enfans,
le Roi herite de ses biens. *Vide* Bacquet; droit
d'aubaine.

Le Roi herite pareillement des bâtards qui
décedent sans enfans, quelquefois ce sont les
Seigneurs Hauts-Justiciers, lorsque trois cas
concourent.

Si le bâtard est né dans l'étenduë de la
Haute Justice, s'il y a son domicile au temps
du décez, & si il y est decedé.

Quand une de ces trois choses manque, le
Seigneur Haut-Justicier est exclus, & la succession appartient au Roi. Bacquet droit de
bâtardise.

Le Titre *Vnde vir & uxor* accorde au survivant des conjoints, les biens de celui qui
prédecede sans heritiers au préjudice du fisc.
L'usage est que les conjoints qui décedent sans
heritiers sont préferez en la succession l'un
de l'autre au Seigneur Haut-Justicier ou au
fisc, pourvû qu'ils ne soient aubains, auquel
cas c'est le Roi qui succede.

Vide M. Loüet & son Commentateur, lettre F
sommaire 22. & lettre V. sommaire dernier.

Comme il faudroit plusieurs volumes pour
traiter des matieres concernans les successions,
& que mon dessein n'est que de mettre la

Coûtume en son ordre naturel, & faciliter
la lecture des Commentateurs. Je renvoye le
Lecteur aux Commentaires, & principale-
ment au docte Traité de M· le Brun concernant les successions.

Conférence sur les Successions.

Vide Coûtume d'Orleans mise en son ordre
naturel, Tit. 17. & les Chapitres qui y sont
contenus.

Les autres Coûtumes, *vide* Fortin, Ricard,
de Ferriere.

TITRE

TITRE XVI.
Des Criées.

CHAPITRE I.

Formalitez des Saisies réelles & criées.

N. 345.　ARTICLE. CCCXLV.

Formalitez à observer pour les Saisies réelles & criées des Fiefs.

PAr la Coûtume & stile de la Pre-vôté & Vicomté de Paris, pour la validité des Criées des Fiefs, Seigneuries & Terres nobles, faut se transporter sur les lieux : & suffit saisir les principaux manoirs de chacun Fief & Seigneurie, avec les appartenances & dépendances : sans qu'il soit besoin les declarer par tenans & aboutissans, ne autrement entrer esdits manoirs. Et faut que lesdits Fiefs, Seigneuries & Ter-

Dd

res nobles soient nommées tant par
la mainmise, qu'en la premiere criée.
Et outre declarer les causes de la saisie.

N. 346. A R T I C L E CCCXLVI.

*Formalitez pour les saisies réelles & criées
des heritages en rotures.*

Quant aux terres roturieres, il les
faut declarer par le menu, tenans &
aboutissans, tant par la main-mise,
qu'en la premiere criée, & les causes
de la saisie.

N. 347. A R T I C L E CCCXLVII.

*Formalitez des criées des rentes sur l'Hô-
tel de Ville de Paris.*

Quand une rente constituée sur l'Hôtel de la ville de Paris est saisie, & mise
en criées, faut faire les criées & proclamations devant la principale porte de
l'Eglise parochiale dudit Hôtel de Ville, & mettre affiches & panonceaux
contre les portes de ladite Eglise & Hôtel de Ville.

N. 248. Article CCCXLVIII.

Formalitez des criées des rentes constituées sur particuliers.

Et quand une rente constituée par un particulier, est saisie & mise en criées, il suffit faire les criées devant la principale porte de l'Eglise parochiale du saisi creancier de ladite rente ; & faut mettre affiches & pannonceaux, tant contre la maison dudit saisi, qu'en la principale porte de ladite Eglise, & Paroisse dudit saisi, creancier de la rente.

N. 349. Article CCCXLIX.

Formalitez des criées des rentes foncieres.

Quant aux rentes foncieres, les criées doivent être faites en la même forme que des heritages sujets ausdites rentes.

N. 350.   ARTICLE CCCL.

Formalitez des criées des Offices Royaux comptables à la Chambre des Comptes.

Quand un Office est saisi, & mis en criées, si ledit Office est Royal, & la provision d'icelui prise du Roy, & ledit Office comptable en la Chambre des Comptes à Paris, les criées se doivent faire devant la principale porte de l'Eglise Saint Barthelemy Paroisse de la Chambre des Comptes, & les affiches & panonceaux être mis tant contre la principale porte de ladite Eglise, que contre la maison où est demeurant le debiteur, au cas qu'il soit demeurant en la Ville ou Fauxbourgs.

N. 351.   ARTICLE CCCLI.

Formalitez des criées des autres Offices.

Et pour le regard des autres offices se doivent faire les criées en la Paroisse du siege dont dépend, & se fait le principal exercice dudit office.

N. 352. ARTICLE CCCLII.

Formalitez à observer pour les criées,
lorsque le debiteur a son domicile
hors la Ville de Paris.

Et si le debiteur est demeurant hors la Ville & Fauxbourgs de Paris, faut outre la solemnité susdite faire les criées & quatre quatorzaines en la Paroisse du domicile du debiteur saisi ; & mettre assiches & pannonceaux, tant contre la principale porte de l'Eglise parochiale, que contre la maison du debiteur saisi.

CHAPITRE II.

De l'établissement de Commissaire.

N. 353. ARTICLE CCCLIII.

En toutes saisies & criées doit y avoir
établissement de Commissaire.

EN toute chose saisie, & mise en criées, faut établir Commissaire.

Dd iij

Et és offices, où il y a gages, sera établi Commissaire pour recevoir les fruits.

CHAPITRE III.

Du Congé d'adjuger.

N. 354. ARTICLE CCCLIX.

Le debiteur doit être ajourné pour voir ajuger l'heritage saisi dans quarante jours, & les quarante jours courent du jour de la premiere affiche.

AVant que proceder à l'adjudication des choses saisies, est requis que le saisi soit ajourné parlant à sa personne, pour voir adjuger par decret 40. jours après le Jugement donné, lesquels quarante jours ne courent que du jour de la premiere affiche mise. Et où l'on ne pouroit parler à la personne dudit saisi, suffit de faire l'ajournement au domicile du saisi, & au prône de l'Eglise parochiale du lieu où l'heritage est assis : avec affiche à la principale porte de ladite Eglise.

CHAPITRE IV.

Des oppositions au Decret.

N. 355.   ARTICLE CCCLIV.

Oppositions afin de distraire , annuler,
ou afin de charge quand doivent
être formées.

SI on veut s'opposer afin de distraire,
ou annuller, ou afin de faire adjuger
à quelque charge, telle opposition se
doit former auparavant l'ajudication &
non aprés. Mais l'opposition , afin de
de conserver droit pour être mis en ordre sur le prix, est reçûë juqu'à ce que
le decret soit levé & scellé.

N. 356.   ARTICLE CCCLVI.

Jusqu'à quel tems on est reçû à former
opposition.

Toutefois si aucun avoit obmis à s'opposer afin de distraire , ou de faire adjuger l'heritage à quelque charge, il peut

s'opposer pour venir sur le prix avant
le decret le decret levé & scellé, & non
aprés. Et doit ledit decret être vingt-
quatre heures és mains du scelleur,
avant que le sceller.

N. 352. A r t i c l e CCCLV.

*Seigneurs Feodaux & Censiers, pour
quels droits doivent s'opposer.*

Le Seigneur feodal, ou censier, n'est
tenu s'opposer aux criées pour son droit
de fief, ou censive, ainsi est entenduë l'adjudication par decret être faite à la
charge desdits droits de fief ou censive;
fors & excepté pour le regard des arrerages ou profits feodaux precedans
l'adjudication, pour lesquels lesdits Seigneurs sont tenus de s'opposer, autrement en sont exclus.

N. 358. A r t i c l e CCCLVIII.

*Seigneurs doivent s'opposer pour les quints,
reliefs & autres droits casuels.*

Comme aussi sont tenus lesdits Seigneurs eux opposer pour droits de
quints,

quints, reliefs, ventes & amandes, &
autres droits Seigneuriaux qu'ils veulent prétendre sur l'heritage decreté.
Et en ce faisant, sont préferez à tous
autres creanciers.

Vide le Chapitre 5. du Tit. 6. concernant
la préscription des droits feodaux & censuels.

N. 359. ARTICLE CCCLVII.

*N'est pas necessaire d'opposition pour les
redevances du chef Cens.*

Et où lesdites redevances seroient de
chef cens, n'est besoin d'opposition.

N. 360. ARTICLE CCCLX.

*Opposans tenus d'élire domicile qui ne
finit par la mort.*

Les opposans aux criées, élisans domiciles, sont tenus nommer leursdits
domiciles en certain lieu de la Ville,
ou du lieu où les criées sont poursui-
vies. Et declarer la rüe & l'enseigne,
ou autre marque publique & certaine

Dd

pour être appellez à la diſtribution du prix. Lequel domicile n'eſt fini par la mort du Procureur ou autre, en la maiſon duquel auroit été ledit domicile élû. Et valent tous Exploits de ſignifications, & autres faits audit domicile ſur l'execution du decret, tant pour l'ordre que diſtribution des deniers.

CHAPITRE V.

De l'ordre & diſtribution des deniers, & des conteſtations entre oppoſans.

N. 361.　ARTICLE CCCLXI.

De quelle maniere il doit être procedé à l'ordre & diſtribution des deniers.

LEſdits oppoſans aux criées, ſont tenus dans la huitaine aprés ſignification à eux faite aux domiciles par eux élûs, ou à leurs perſonnes, de porter leurs Titres pardevers le Commiſſaire commis pour fonder leurs oppoſitions : à tout le moins dans un ſecond delay, qui ſera encore de huitaine pour tous delais : E à faute de ce faire , doit le Commissaire proceder à l'ordre des opposans qui auront fourni leurs titres sans avoir égard aux hypotéques & oppositions des défaillans. Sur lequel ordre, le saisi & opposans mis en ordre, oüis dans une autre huitaine pour tous delais, doit être procedé à la distribution selon que ledit ordre est accordé.

N. 362. ARTICLE CCCLXII.

Contestation entre quelqu'uns des opposans, n'empêche la distribution des deniers à l'égard des autres.

S'il y a differend entre aucuns opposans pour raison dudit ordre, sera fait renvoy entre tels opposans seulement, sans comprendre au renvoy qui sera delivré, les oppositions, dires & remonstrances, & ce qui auroit été fait avec les autres opposans. Et neanmoins on procede à la distribution entre les autres opposans, reservant les deniers ap-

partenans aux opposans renvoyez, venans en ordre.

Remarques.

Touchant les criées, *vide* le Traité des criées
de M. le Maistre ; & les Commentateurs.

Conference.

Vide Orleans Titre 21.

Les autres Coûtumes, *vide* Fortin, Ricard,
de Ferriere.

FIN.

TABLE
Des Articles de la Coûtume.

Il y a deux Chiffres à chaque Article. L'un marque l'Article de la Coûtume. L'autre sert de Numero & marque l'ordre suivant, lequel les Articles sont rangez. Au moyen de cette Table on trouvera aisement les Articles dont on aura besoin, & les autres qui y ont du rapport.

TITRE PREMIER,
DES FIEFS.

Art.	Num.	Art.	Num.
1	15	8	10
2	24	9	14
3	34	10	13
4	41	11	11
5	44	12	106
6	43	13	288
7	19	14	291

Art.	Num.	Art.	Num.
15	286	42	7
16	287	43	29
17	289	44	12
18	290	45	28
19	292	46	42
20	109	47	57
21	110	48	60
22	113	49	58
23	32	50	59
24	33	51	30
25	309	52	31
26	35	53	1
27	293	54	22
28	16	55	23
29	17	56	61
30	18	57	62
31	25	58	64
32	5	59	63
33	3	60	9
34	86	61	26
35	37	62	27
36	38	63	2
37	39	64	3
38	40	65	20
39	45	66	21
40	46	67	4
41	6	68	295

Art.	Num.	Art.	Num

TITRE V.

Des Actions, &c.

Art.	Num.	Art.	Num
99	85	106	155
100	86	107	148
101	87	108	153
102	88	109	91
103	89	110	92
104	90	111	156
105	154	112	147

TITRE VI.

Des Prescriptions.

Art.	Num.	Art.	Num
113	97	121	104
114	99	122	105
115	100	123	107
116	98	124	108
117	252	125	95
118	101	126	93
119	102	127	94
120	103	128	96

TITRE VII.

Du Retrait.

Art.	Num.	Art.	Num
129	118	132	135
130	134	133	115
131	136	134	140

Art.	Num.	Art.	Num.
135	111	148	120
136	138	149	121
137	119	150	123
138	139	251	124
139	142	152	127
140	137	153	328
141	114	154	122
142	116	155	129
143	132	156	130
144	125	157	131
145	133	158	117
146	141	159	112
147	126		

TITRE VIII.

Des Arrêts, &c.

Art.	Num.	Art.	Num.
160	143	172	170
161	158	173	145
162	159	174	146
163	157	175	164
164	149	176	162
165	150	177	163
166	144	178	165
167	143	179	166
168	151	180	167
169	152	181	168
170	160	182	169
171	161	183	344

Art.	Num.	Art.	Num.
226	217	237	219
227	218	238	228
228	216	239	224
229	225	240	235
230	226	241	231
231	227	242	232
232	213	243	233
233	215	244	210
234	221	245	211
235	222	246	212
236	223		

TITRE XI.

Des Douaires.

Art.	Num.	Art.	Num.
247	234	256	241
248	235	257	250
249	236	258	240
250	244	259	249
251	245	260	251
252	246	261	238
253	247	262	243
254	248	263	239
255	237	264	242

TITRE XII.

De la Garde, &c.

265	253	266	254

Art.	Num.	Art.	Num.
267	255	270	258
268	257	271	259
269	256		

TITRE XIII.

Des donations.

Art.	Num.	Art.	Num.
272	260	281	666
273	363	282	268
274	264	283	269
275	265	284	270
276	261	285	271
277	262	286	273
278	298	287	274
279	275	288	272
280	267		

TITRE XIV.

Des Testamens, &c.

Art.	Num.	Art.	Num.
289	282	294	279
290	283	295	280
291	284	296	277
292	276	297	235
293	278	298	305

TITRE XV.

Des Successions.

ART.	NUM.	ART.	NUM.
299	281	322	313
300	330	323	310
301	331	324	307
302	296	325	314
303	297	326	321
304	299	327	315
305	303	328	316
306	300	329	322
307	304	330	323
308	301	331	308
309	302	332	332
310	294	333	335
311	335	334	333
312	337	335	334
313	338	336	341
314	339	337	342
315	340	338	317
316	325	339	318
317	326	340	319
318	324	341	320
319	305	342	327
320	311	343	328
321	312	344	329

Fin de la Table des Articles.

APPROBATION.

J'Ay lû par ordre de Monseigneur le Chancelier un Manuscrit intitulé, *Coûtume de Paris mise en son ordre naturel, contenant une méthode aisée pour l'intelligence de la Coûtume,* par M. MASSON, &c. Cet Auteur aprés avoir fait son coup d'essay sur la Coûtume d'Orleans, a entrepris le même travail sur les principales Coûtume de France, & il a commencé par celle de Paris, donc le Manuscrit m'a été mis entre les mains. J'estime que son travail sera utile au Public, & qu'il pourra contribuer à rendre l'intelligence des Coûtumes plus aisée. A Paris ce 21. May 1702.

Signé, ISSALY.

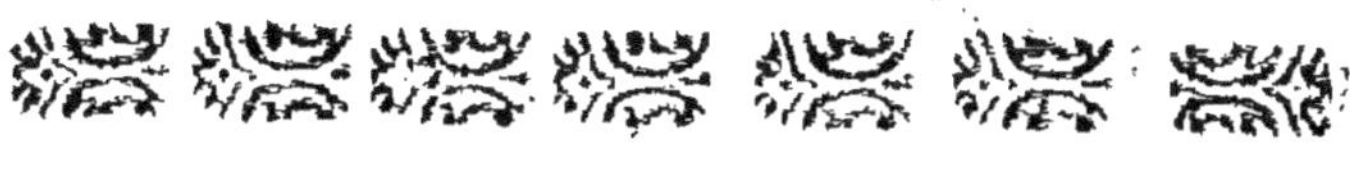

APPROBATION.

J'Ay lû par ordre de Monseigneur le Chancelier les Additions faites par M. ALLEXANDRE MASSON. Avocat au Parlement à son Ouvrage intitulé , *Coûtume de Paris mise en son ordre naturel*, sur lequel j'ay déja donné mon Certificat dés le vingt-un May de la presente année mil sept cens deux. Ces Additions sont des Nottes , Sommaires sur les Articles de cette Coûtume que l'Auteur a tirées des Commentateurs qui en ont expliqué le sens, ce qui sera fort utile au Public. Fait à Paris ce 15. Novembre 1702.

ISSALY.

PRIVILEGE DU ROY.

LOUIS par la grace de Dieu Roy de France & de Navarre, à nos Amez & Feaux Conseillers les gens tenans nos Cours de Parlement, Maistres des Requestes ordinaires de nostre Hostel, grand Conseil, Baillifs, Senéchaux, Prevost & leurs Lieutenans, & à tous autres nos Justiciers & Officiers qu'il appartiendra, SALUT. Nôtre Cher & bien amé M. ALEXANDRE MASSON Avocat au Parlement de Paris, & au Presidial d'Orleans, Nous a fait remontrer qu'il desireroit donner au Public les *Coûtumes de France dans leur ordre naturel, avec des Nottes pour en faciliter l'intelligence, & leur rapport les unes aux autres;* dans la veuë d'en rendre l'intelligence plus facile; & ne le pouvant faire imprimer sans nos Lettres de permission sur ce necessaires, il nous a tres-humblement fait suplier de luy vouloir accorder : A CES CAUSES desirant favorablement traiter l'Exposant, Nous lui avons permis & accordé, permettons & accordons par ces presentes, de faire imprimer, vendre ou debiter par tel Imprimeur ou Libraire qu'il voudra choisir dans tous les lieux de nôtre Royaume, Païs, Terres & Seigneuries de nôtre obéïssance, ledit Livre jntitulé, *les Coû-*

tumes de France dans leur ordre naturel, avec des Nottes pour en faciliter l'intelligence, & leur rapport les unes aux autres, en un ou plusieurs Volumes, telle marge, caractere, & autant de fois que bon lui semblera l'espace de douze années consecutives, à compter du jour & datte des presentes, pendant lequel temps Nous faisons tres-expresses défenses à tous Imprimeurs, Libraires & autres, d'imprimer, faire imprimer, vendre & distribuer ledit Livre intitulé, *Coûtume de France dans leur ordre naturel, avec des Nottes pour en faciliter l'intelligence, & leur rapport les unes aux autres*, en aucun lieu de nôtre Royaume, Païs & Terres de nôtre obéissance, sous quelque pretexte que ce soit, même d'impression étrangere ou autrement, sans le consentement dudit Exposant, ou de ceux qui auront droit de luy, à peine de quinze cens livres d'amande payable par chacun des contrevenans, applicable un tiers à Nous, un tiers à l'Hôtel Dieu de Paris, l'autre tiers à l'Exposant, confiscation des Exemplaires contrefaits, & de tous dépens, dommages & interests ; à condition qu'il sera mis deux Exemplaires dudit Livre dans notre Bibliotheque publique, un dans celle du Cabinet de nos Livres de notre Château du Louvre, & un dans la Bibliotheque de notre tres-cher & feal Chevalier Chancelier de France, le Sieur Phelypeaux, avant

que de l'expofer en vente , à la charge que
l'impreffion en fera faire fur de beau & bon
papier , & faite dans nôtre Royaume & non
ailleurs , fuivant ce qui eft porté par les
Reglemens faits pour la Librairie & Impri-
merie és années 16 8. & 1686. regiftrez en
nôtre Cour de Parlement de Paris , à peine
de nullité des prefentes , lefquelles feront
regiftrées dans le Livre de la Communauté
des Libraires de notre bonne Ville de Paris.
Si vous mandons & enjoignons que du
contenu en icelles vous faffiez joüir l'Ex-
pofant ou ceux qui auront droit de luy, fans
fouffrir qu'il leur foit fait aucun empêchement. Voulons auffi qu'en mettant au
commencement ou à la fin dudit Livre,
une copie des prefentes ou extrait d'icelles ,
elles foient tenuës pour duëment fignifiées &
que foy y foit ajoutée , & aux copies colla-
tionnées par l'un de nos Amez & Feaux
Confeillers Secretaires, comme à l'original.
Commandons au premier notre Huiffier
ou Sergent fur ce requis faire pour l'execution d'icelles tous exploits, faifies & actes
neceffaires , fans pour ce demander autre
permiffion , nonobftant toutes oppofitions,
clameur de Haro , Chartre Normande &
lettres à ce contraires. Car tel eft notre
plaifir. Donné à Verfailles le dix-hui-
tiéme jour de Juin, l'an de grace 1701, &

de notre Regne le soixantiéme. Par le Roy en son Conseil, Signé , MAILLART

Regiftré fur le Livre de la Communauté des Libraires & Imprimeurs, conformément aux Reglemens. A Paris ce 25. jour de Iuin 1702. Signé P. TRABOUILLET ,
                              Syndic.

Achevé d'imprimer pour la premiere fois le 30. Janvier 1703.

Les exemplaires ont été fournis.

[illegible handwritten signature]